# Rasa Mediterania 2023

Banyak resep dari Italia, Spanyol dan Yunani

Fitriani Rahimah

# Ringkasan

Pita Mediterania ..................................................................................... 9
Telur Setan Hummus ............................................................................ 11
Muffin Kismis Apel Soba ...................................................................... 14
Muffin Dedak Labu ............................................................................... 16
Pancake buttermilk soba ..................................................................... 18
Roti panggang Prancis dengan kolak almond dan persik .................. 19
Berry oatmeal dengan krim vanila manis .......................................... 21
Krep dengan cokelat dan stroberi ...................................................... 23
Asparagus dan ham quiche ................................................................ 25
scone keju apel .................................................................................... 27
Bacon dan telur ................................................................................... 29
Muffin Blueberry Oranye .................................................................... 31
14. Oatmeal jahe panggang dengan topping buah pir ..................... 32
Omelet vegetarian ala Yunani ............................................................ 33
Smoothie musim panas ...................................................................... 35
Pita ham dan telur .............................................................................. 36
Kuskus untuk sarapan ........................................................................ 38
Salad persik untuk sarapan ................................................................ 40
Oat asin ................................................................................................ 41
Tahini dan Roti Apel ............................................................................ 42
Telur Orak-Arik Kemangi ..................................................................... 43
Kentang dan telur Yunani ................................................................... 44
Smoothie alpukat dan madu .............................................................. 46
Omelet sayur ....................................................................................... 47

| | |
|---|---|
| Gulungan salad mini | 49 |
| Apel Cous Cous dengan Kari | 50 |
| Domba dan sayuran | 51 |
| Butes dengan herbal | 53 |
| Kembang kol Quinoa | 54 |
| Smoothie Buah Mangga | 55 |
| omelet bayam | 56 |
| panekuk almond | 58 |
| Salad Buah Quinoa | 60 |
| Smoothie stroberi dan rhubarb | 61 |
| Bubur jelai | 62 |
| Roti Jahe dan Smoothie Labu | 63 |
| Jus hijau | 64 |
| Smoothie kacang dan kurma | 65 |
| Koktail susu buah | 66 |
| Smoothie pisang dan cokelat | 67 |
| Yogurt dengan blueberry, madu, dan mint | 68 |
| Parfait dengan beri dan yogurt | 69 |
| Oatmeal dengan beri dan biji bunga matahari | 70 |
| Biji almond dan maple cepat | 71 |
| Oat pisang | 73 |
| Sandwich untuk sarapan | 74 |
| Kuskus pagi | 76 |
| Smoothie alpukat dan apel | 78 |
| Omelet mini | 79 |
| Oatmeal tomat kering matahari | 81 |
| Telur di atas alpukat | 82 |

Brekky Egg - Kentang Hash ........................................................... 84

Sup tomat dan kemangi ................................................................ 86

Labu Hummus ............................................................................... 88

Muffin ham ..................................................................................... 89

Salad yang dieja ............................................................................ 90

Blueberry dan kurma .................................................................... 91

Omelet Lentil dan Cheddar .......................................................... 92

Roti isi tuna ................................................................................... 94

Salad yang dieja ............................................................................ 95

Salad buncis dan zucchini ............................................................ 97

salad artichoke Provence ............................................................. 99

salad Bulgaria ............................................................................. 101

Mangkuk untuk salad falafel ..................................................... 103

Salad Yunani sederhana ............................................................. 105

Salad roket dengan buah ara dan kenari .................................. 107

Salad kembang kol dengan tahini vinaigrette ......................... 109

salad kentang mediterania ........................................................ 111

Quinoa dan salad pistachio ....................................................... 113

Salad Ayam Mentimun dengan Bumbu Kacang Pedas ........... 115

Paella sayur ................................................................................. 116

Casserole terong dan nasi ......................................................... 118

couscous dengan sayuran .......................................................... 121

Kushari ......................................................................................... 124

Bulgur dengan tomat dan buncis .............................................. 127

Makarel Pasta ............................................................................. 129

Pasta Dengan tomat ceri dan ikan teri ..................................... 131

Risotto dengan lemon dan udang ............................................. 133

Spageti dengan kerang .................................................................. 135

sup ikan Yunani ............................................................................ 137

Nasi Venus dengan udang ............................................................ 139

Pennette salmon dan vodka ......................................................... 141

Carbonara dengan makanan laut ................................................. 143

Garganelli dengan pesto zucchini dan udang .............................. 145

Nasi salmon ................................................................................... 148

Pasta dengan tomat ceri dan ikan teri ......................................... 150

Brokoli orecchiette dan sosis ........................................................ 152

Radicchio dan risotto daging asap ............................................... 154

Pasta Alla Genovese ...................................................................... 156

Pasta dengan kembang kol Neapolitan ....................................... 159

Pasta dan kacang, jeruk dan adas ................................................ 161

Spaghetti Lemon ........................................................................... 163

Couscous sayuran berbumbu ....................................................... 164

Nasi goreng bumbu adas .............................................................. 166

Couscous Maroko dengan buncis ................................................. 168

Paella vegetarian dengan kacang hijau dan buncis ..................... 170

Udang bawang putih dengan tomat dan kemangi ...................... 172

Paella udang .................................................................................. 174

Salad lentil dengan zaitun, mint, dan feta .................................. 176

Buncis dengan bawang putih dan peterseli ................................. 178

Buncis rebus dengan terong dan tomat ....................................... 180

Nasi Yunani dengan lemon .......................................................... 182

Nasi dengan bumbu aromatik ...................................................... 184

salad nasi mediterania ................................................................. 186

Salad kacang dan tuna segar ........................................................ 188

Pasta ayam yang enak ..................................................................... 190

Taco Mediterania ............................................................................. 192

Mac dan keju yang lezat ................................................................. 194

Nasi dengan mentimun zaitun ....................................................... 196

Risotto herbal aromatik .................................................................. 198

Pasta Primavera yang lezat ........................................................... 200

Pasta Lada Panggang .................................................................... 202

Nasi Tomat Kemangi Keju ............................................................. 204

Pasta dengan tuna ......................................................................... 206

Campuran alpukat dan sandwich kalkun ...................................... 208

Ayam dengan mentimun dan mangga ......................................... 210

Fattoush - roti Timur Tengah ........................................................ 212

Bawang Putih dan Tomat Focaccia bebas gluten ....................... 214

Burger panggang dengan jamur .................................................. 216

Baba Ghanoush Mediterania ....................................................... 218

## Pita Mediterania

**Waktu persiapan: 22 menit**

**Waktunya memasak**: 3 menit

**Porsi: 2**

**Tingkat kesulitan: mudah**

**Bahan-bahan:**

- 1/4 cangkir paprika merah manis
- 1/4 cangkir bawang cincang
- 1 gelas pengganti telur
- 1/8 sendok teh garam
- 1/8 sendok teh merica
- 1 buah tomat potong kecil
- 1/2 cangkir bayam bayi cincang segar
- 1-1/2 sendok teh kemangi segar cincang
- 2 pita utuh
- 2 sendok makan keju feta hancur

**Indikasi:**

Lapisi wajan antilengket kecil dengan semprotan memasak. Tambahkan bawang dan cabai selama 3 menit dengan api sedang. Tambahkan pengganti telur dan bumbui dengan garam dan merica. Aduk hingga kaku. Campur bayam cincang, tomat cincang, dan basil cincang. Tuang di atas focaccia. Campuran sayuran atas dengan campuran telur. Taburi dengan keju feta yang hancur dan sajikan segera.

**Nutrisi (per 100 g):** 267 kalori 3 g lemak 41 g karbohidrat 20 g protein 643 mg natrium

## Telur Setan Hummus

**Waktu persiapan: 10 menit**
**Waktunya memasak**: 0 menit
**Porsi: 6**
**Tingkat kesulitan: mudah**

**Bahan-bahan:**

- 1/4 cangkir mentimun potong dadu
- 1/4 cangkir tomat cincang halus
- 2 sendok teh jus lemon segar
- 1/8 sendok teh garam
- 6 telur rebus kupas, belah dua memanjang
- 1/3 cangkir hummus bawang putih panggang atau rasa hummus apa pun
- Peterseli segar cincang (opsional)

**Indikasi:**

Campurkan tomat, jus lemon, mentimun, dan garam lalu aduk perlahan. Gosok kuning telur dari telur yang dibelah dua dan simpan untuk digunakan nanti. Ambil satu sendok teh hummus di setiap sisi telur. Taburi dengan peterseli dan setengah sendok teh campuran tomat dan mentimun. Sajikan segera

**Nutrisi (per 100 g):** 40 kalori 1 g lemak 3 g karbohidrat 4 g

Telur dadar salmon asap

**Waktu persiapan: 2 menit**

**Waktunya memasak**: 8 menit

**Porsi: 4**

**Kesulitan: sedang**

**Bahan-bahan:**

- 16 oz Pengganti Telur Bebas Kolesterol
- 1/8 sendok teh lada hitam
- 2 sendok makan daun bawang cincang, simpan bagian atasnya
- 1 ons keju krim dingin rendah lemak, potong dadu berukuran 1/4 inci
- 2 ons serpihan salmon asap

**Indikasi:**

Potong keju krim dingin menjadi ¼ inci kubus dan sisihkan. Dalam mangkuk besar, kocok pengganti telur dan merica. Lapisi wajan antilengket dengan semprotan masak panas sedang. Aduk pengganti telur dan masak selama 5-7 menit atau sampai mulai mengeras, aduk dan kikis bagian bawah wajan sesekali.

Sertakan krim keju, daun bawang, dan salmon. Lanjutkan memasak dan aduk selama 3 menit lagi, atau hanya sampai telur masih lembab tetapi sudah matang.

**Nutrisi (per 100 g):**100 kalori 3 g lemak 2 g karbohidrat 15 g protein 772 mg natrium

# Muffin Kismis Apel Soba

**Waktu persiapan: 24 menit**

**Waktunya memasak**: 20 menit

**Porsi: 12**

**Kesulitan: sedang**

**Bahan-bahan:**

- 1 cangkir tepung serbaguna
- 3/4 cangkir tepung soba
- 2 sendok makan gula merah
- 1 setengah sendok teh baking powder
- 1/4 sendok teh soda kue
- 3/4 cangkir buttermilk rendah lemak
- 2 sendok makan minyak zaitun
- 1 telur besar
- 1 cangkir apel segar, potong dadu, kupas dan buang bijinya
- 1/4 cangkir kismis emas

**Indikasi:**

Siapkan oven hingga 375 derajat F. Lapisi kaleng muffin 12 cangkir dengan semprotan masak antilengket atau cangkir kertas. Menyisihkan. Tuang semua bahan kering ke dalam mangkuk. Menyisihkan.

Kocok bahan cair sampai halus. Pindahkan campuran cair ke campuran tepung dan aduk hingga lembab. Tambahkan apel dan kismis yang dipotong dadu. Isi setiap cangkir cupcake sekitar 2/3 penuh adonan. Goreng sampai berwarna cokelat keemasan. Gunakan tes tusuk gigi. Melayani.

**Nutrisi (per 100 g):** 117 kalori 1 g lemak 19 g karbohidrat 3 g protein 683 mg natrium

## Muffin Dedak Labu

**Waktu persiapan: 20 menit**

**Waktunya memasak**: 20 menit

**Porsi: 22**

**Kesulitan: sedang**

**Bahan-bahan:**

- 3/4 cangkir tepung serbaguna
- 3/4 cangkir tepung gandum utuh
- 2 sendok makan gula
- 1 sendok makan baking powder
- 1/8 sendok teh garam
- 1 sendok teh bumbu pai labu
- 2 cangkir sereal dedak 100%.
- 1 setengah cangkir susu skim
- 2 putih telur
- 15 ons x 1 kaleng labu
- 2 sendok makan minyak alpukat

**Indikasi:**

Memanaskan lebih dulu oven ke 400 derajat Fahrenheit. Siapkan loyang muffin yang akan menampung 22 muffin dan semprot dengan semprotan masak antilengket. Campur empat bahan pertama hingga tercampur. Menyisihkan.

Dengan menggunakan mangkuk besar, campurkan susu dan dedak sereal dan diamkan selama 2 menit atau sampai sereal empuk. Tambahkan minyak, putih telur, dan labu ke dalam campuran bekatul dan aduk rata. Tuang campuran tepung dan aduk rata.

Bagi adonan menjadi bagian yang sama di loyang muffin. Panggang selama 20 menit. Angkat muffin dari wajan dan sajikan panas atau dingin.

**Nutrisi (per 100 g):** 70 kalori 3 g lemak 14 g karbohidrat 3 g protein 484 mg natrium

## Pancake buttermilk soba

**Waktu persiapan: 2 menit**

**Waktunya memasak**: 18 menit

**Porsi: 9**

**Tingkat kesulitan: mudah**

**Bahan-bahan:**

- 1/2 cangkir tepung soba
- 1/2 cangkir tepung serbaguna
- 2 sendok teh baking powder
- 1 sendok teh gula merah
- 2 sendok makan minyak zaitun
- 2 telur besar
- 1 cangkir buttermilk rendah lemak

**Indikasi:**

Tempatkan empat bahan pertama dalam mangkuk. Tambahkan minyak, buttermilk, dan telur, lalu aduk hingga rata. Tempatkan wajan di atas api sedang dan semprot dengan semprotan memasak antilengket. Tuang ¼ cangkir adonan ke dalam wajan dan masak selama 1-2 menit di setiap sisinya atau hingga berwarna cokelat keemasan. Sajikan segera.

**Nutrisi (per 100 g):** 108 kalori 3 g lemak 12 g karbohidrat 4 g protein 556 mg natrium

# Roti panggang Prancis dengan kolak almond dan persik

**Waktu persiapan: 10 menit**
**Waktunya memasak**: 15 menit
**Porsi: 4**
**Tingkat kesulitan: mudah**

**Bahan-bahan:**

- <u>Komposisi:</u>
- 3 sendok makan pengganti gula berbasis sucralose
- 1/3 gelas + 2 sendok makan air, dibagi
- 1 1/2 cangkir buah persik segar kupas atau beku, dicairkan dan diiris kering
- 2 sendok makan pasta persik, tanpa tambahan gula
- 1/4 sendok teh kayu manis bubuk
- <u>roti panggang perancis almond</u>
- 1/4 cangkir susu rendah lemak (skim)
- 3 sendok makan pengganti gula berbasis sucralose
- 2 telur utuh
- 2 putih telur
- 1/2 sendok teh ekstrak almond
- 1/8 sendok teh garam
- 4 potong roti multigrain
- 1/3 cangkir almond yang dipotong

**Indikasi:**

Untuk membuat kolak, larutkan 3 sendok makan sukralosa dalam 1/3 gelas air dalam panci sedang dengan api sedang-tinggi. Tambahkan buah persik dan didihkan. Kecilkan api sampai sedang dan lanjutkan memasak, buka tutupnya, selama 5 menit lagi atau sampai buah persik empuk.

Tambahkan sisa air dan buah-buahan yang berserakan, lalu tambahkan buah persik ke dalam panci. Masak sebentar lagi atau sampai sirup mengental. Angkat dari api dan tambahkan kayu manis. Tutup agar tetap hangat.

Untuk membuat roti panggang Perancis. Campurkan susu dan sukralosa dalam mangkuk besar dan kocok hingga benar-benar larut. Tuang putih telur, telur, ekstrak almond, dan garam. Celupkan kedua sisi irisan roti ke dalam campuran telur selama 3 menit atau sampai benar-benar basah. Taburi kedua sisi dengan irisan almond dan tekan dengan baik untuk menempel.

Semprotkan wajan antilengket dengan semprotan memasak dan letakkan di atas api sedang-tinggi. Panggang irisan roti selama 2 hingga 3 menit di setiap sisi atau hingga berwarna kecokelatan. Disajikan dengan kompot persik.

**Nutrisi (per 100 g):** 277 kalori 7 g lemak 31 g karbohidrat 12 g protein 665 mg natrium

# Berry oatmeal dengan krim vanila manis

**Waktu persiapan: 5 menit**
**Waktunya memasak:** Lima menit
**Porsi: 4**
**Tingkat kesulitan: mudah**

**Bahan-bahan:**

- 2 gelas air
- 1 cangkir oat instan
- 1 sendok makan pengganti gula berbahan dasar sukralosa
- 1/2 sendok teh kayu manis bubuk
- 1/8 sendok teh garam
- <u>Krim</u>
- 3/4 cangkir setengah bebas lemak
- 3 sendok makan pengganti gula berbahan dasar sukralosa
- 1/2 sendok teh ekstrak vanila
- 1/2 sendok teh ekstrak almond
- <u>Rempah-rempah</u>
- 1 1/2 cangkir blueberry segar
- 1/2 cangkir raspberry segar atau beku dan dicairkan

**Indikasi:**

Rebus air dengan api besar dan aduk oat. Kecilkan api menjadi sedang saat Anda memasak oat, terbuka, selama 2 menit atau sampai mengental. Angkat dari api dan aduk pengganti gula, garam dan kayu manis. Dalam mangkuk sedang, campurkan semua bahan krim hingga tercampur rata. Oatmeal rebus dikumpulkan dalam 4 bagian yang sama dan dituangkan dengan krim manis. Taburi dengan beri dan sajikan.

**Nutrisi (per 100 g):** 150 kalori 5 g lemak 30 g karbohidrat 5 g protein 807 mg natrium

## Krep dengan cokelat dan stroberi

**Waktu persiapan: 5 menit**
**Waktunya memasak**: 10 menit
**Porsi: 4**
**Tingkat kesulitan: mudah**

**Bahan-bahan:**

- 1 cangkir tepung terigu lunak
- 2/3 cangkir susu rendah lemak (1%)
- 2 putih telur
- 1 telur
- 3 sendok makan gula
- 3 sendok makan bubuk kakao tanpa pemanis
- 1 sendok makan mentega cair dingin
- 1/2 sendok teh garam
- 2 sendok teh minyak canola
- 3 sendok makan pasta stroberi
- 3 1/2 cangkir stroberi irisan yang dicairkan atau segar
- 1/2 cangkir topping kocok bebas lemak beku yang dicairkan
- Daun mint segar (jika diinginkan)

**Indikasi:**

Tempatkan delapan bahan pertama dalam mangkuk besar sampai halus dan tercampur rata.

Panaskan ¼ sendok teh minyak dalam wajan antilengket kecil di atas api sedang. Tuang ¼ cangkir adonan ke tengah dan aduk ke loyang dengan adonan.

Panggang sebentar atau sampai crepe buram dan ujungnya kering. Balik dan masak selama setengah menit lagi. Ulangi proses dengan sisa campuran dan minyak.

Kumpulkan ¼ cangkir stroberi yang sudah dicairkan di tengah krep dan tekan dengan pedal sampai isinya tertutup. Sebelum disajikan, tutupi dengan 2 sendok makan krim kocok dan hiasi dengan daun mint.

**Nutrisi (per 100 g):** 334 kalori 5 g lemak 58 g karbohidrat 10 g protein 678 mg natrium

# Asparagus dan ham quiche

**Waktu persiapan: 5 menit**
**Waktunya memasak**: 42 menit
**Porsi: 6**
**Tingkat kesulitan: mudah**

**Bahan-bahan:**

- 2 1/2-inci cangkir asparagus cincang
- 1 paprika merah cincang
- 1 cangkir susu rendah lemak (1%)
- 2 sendok makan tepung terigu lunak
- 4 putih telur
- 1 butir telur, utuh
- 1 cangkir ham matang cincang
- 2 sendok makan tarragon cincang atau kemangi segar
- 1/2 sendok teh garam (opsional)
- 1/4 sendok teh lada hitam
- 1/2 cangkir keju Swiss, parut halus

**Indikasi:**

Memanaskan lebih dulu oven ke 350 derajat F. Microwave paprika dan asparagus dalam satu sendok makan air di TINGGI selama 2 menit. Menentukan. Kocok tepung dan susu, lalu tambahkan telur dan putih telur sampai tercampur rata. Sertakan sayuran dan bahan lain selain keju.

Tuang ke dalam loyang kue berukuran 9 inci dan panggang selama 35 menit. Taburkan keju di atas quiche dan masak lagi selama 5 menit atau sampai keju meleleh. Biarkan dingin selama 5 menit, lalu potong menjadi 6 irisan untuk disajikan.

**Nutrisi (per 100 g):** 138 kalori 1 g lemak 8 g karbohidrat 13 g protein 588 mg natrium

## scone keju apel

**Waktu persiapan: 20 menit**
**Waktunya memasak**: 15 menit
**Porsi: 10**
**Kesulitan: sedang**

**Bahan-bahan:**

- 1 cangkir tepung serbaguna
- 1 cangkir gandum utuh, tepung putih
- 3 sendok makan gula
- 1 setengah sendok teh baking powder
- 1/2 sendok teh garam
- 1/2 sendok teh kayu manis bubuk
- 1/4 sendok teh soda kue
- 1 apel Granny Smith, potong dadu
- 1/2 cangkir keju cheddar tajam parut
- 1/3 cangkir saus apel, polos atau tanpa pemanis
- 1/4 cangkir susu, tanpa lemak (skim)
- 3 sendok makan mentega cair
- 1 telur

**Indikasi:**

Siapkan oven dengan suhu 425 derajat F. Siapkan loyang dengan melapisinya dengan kertas roti. Campurkan semua bahan kering dalam mangkuk dan aduk. Sertakan keju dan apel. Menyisihkan.

Kocok semua bahan basah menjadi satu. Tuang di atas adonan kering hingga rata dan menjadi adonan yang lengket.

Uleni adonan di atas papan kue yang sudah ditaburi tepung sekitar 5 kali. Tepuk lalu regangkan ke lingkaran 8 inci. Potong menjadi 10 potongan diagonal.

Letakkan di atas loyang dan semprot dengan semprotan memasak. Masak selama 15 menit atau sampai agak kecoklatan. Melayani.

**Nutrisi (per 100 g):**169 kalori 2 g lemak 26 g karbohidrat 5 g protein 689 mg natrium

## Bacon dan telur

**Waktu persiapan: 15 menit**
**Waktunya memasak**: 15 menit
**Porsi: 4**
**Tingkat kesulitan: mudah**

**Bahan-bahan:**

- 1 cangkir pengganti telur bebas kolesterol
- 1/4 cangkir parmesan, parut
- 2 iris daging asap Kanada potong dadu
- 1/2 sendok teh saus cabai merah
- 1/4 sendok teh lada hitam
- 4 x 7 inci tortilla gandum utuh
- 1 cangkir daun bayam bayi

**Indikasi:**

Memanaskan lebih dulu oven ke 325 derajat F. Campurkan lima bahan pertama untuk membuat isian. Tuang campuran ke dalam piring kaca berukuran 9 inci yang disemprot dengan semprotan memasak rasa mentega.

Masak selama 15 menit atau sampai telur matang. Angkat dari oven. Masukkan tortilla ke dalam oven selama satu menit. Potong campuran telur goreng menjadi empat bagian. Tempatkan seperempat di tengah setiap tortilla dan hiasi dengan ¼ cangkir bayam. Lipat tortilla dari bawah ke tengah lalu dari kedua sisi ke tengah untuk menutupi. Sajikan segera.

**Nutrisi (per 100 g):** 195 kalori 3 g lemak 20 g karbohidrat 15 g protein 688 mg natrium

# Muffin Blueberry Oranye

**Waktu persiapan: 10 menit**
**Waktunya memasak**: 10-25 menit
**Porsi: 12**
**Kesulitan: sedang**

**Bahan-bahan:**

- 1 3/4 cangkir tepung serbaguna
- 1/3 cangkir gula
- 2 setengah sendok teh baking powder
- 1/2 sendok teh soda kue
- 1/2 sendok teh garam
- 1/2 sendok teh kayu manis bubuk
- 3/4 cangkir susu, tanpa lemak (skim)
- 1/4 cangkir mentega
- 1 butir telur besar, kocok sebentar
- 3 sendok makan konsentrat jus jeruk yang dicairkan
- 1 sendok teh vanila
- 3/4 cangkir blueberry segar

**Indikasi:**

Memanaskan lebih dulu oven ke 400 derajat F. Ikuti langkah 2 hingga 5 untuk Muffin Soba, Apel, dan Kismis Isi kaleng muffin ¾ penuh dengan campuran dan panggang selama 20-25 menit. Biarkan dingin selama 5 menit dan sajikan panas.

**Nutrisi (per 100 g):** 149 kalori 5 g lemak 24 g karbohidrat 3 g protein 518 mg natrium

## 14. Oatmeal jahe panggang dengan topping buah pir

**Waktu persiapan: 10 menit**
**Waktunya memasak**: 15 menit
**Porsi: 2**
**Tingkat kesulitan: mudah**

**Bahan-bahan:**

- 1 cangkir oat kuno
- 3/4 cangkir susu, tanpa lemak (skim)
- 1 putih telur
- 1 1/2 sendok teh jahe parut segar atau 3/4 sendok teh jahe bubuk
- 2 sendok makan gula merah, dibagi
- 1/2 buah pir matang, potong dadu

**Indikasi:**

Semprotkan 2 panci berukuran 6 ons dengan semprotan memasak antilengket. Siapkan oven dengan suhu 350 derajat F. Campurkan empat bahan pertama dan sesendok gula, lalu aduk rata. Tuang merata di antara 2 cetakan. Akhiri dengan irisan buah pir dan sisa sesendok gula. Panggang selama 15 menit. Sajikan panas.

**Nutrisi (per 100 g):** 268 kalori 5 g lemak 2 g karbohidrat 10 g protein 779 mg natrium

## Omelet vegetarian ala Yunani

**Waktu persiapan: 10 menit**
**Waktunya memasak:** 20 menit
**Porsi: 2**
**Tingkat kesulitan: mudah**

**Bahan-bahan:**

- 4 telur besar
- 2 sendok makan susu bebas lemak
- 1/8 sendok teh garam
- 3 sendok teh minyak zaitun, dibagi
- 2 cangkir bayi Portobello, diiris
- 1/4 cangkir bawang cincang halus
- 1 cangkir bayam bayi segar
- 3 sendok makan keju feta, hancur
- 2 sendok makan zaitun matang, iris
- Lada segar

**Indikasi:**

Kocok tiga bahan pertama. Dalam wajan anti lengket, campurkan 2 sendok makan minyak di atas api sedang-tinggi. Goreng bawang dan jamur selama 5-6 menit atau sampai berwarna cokelat keemasan. Aduk bayam dan masak. Hapus campuran dari panci.

Menggunakan panci yang sama, panaskan sisa minyak dengan api sedang-kecil. Tuang campuran telur dan setelah mulai mengeras, dorong ujungnya ke tengah agar adonan mentah mengalir. Setelah telur mengeras, letakkan campuran sayuran di satu sisi dengan spatula. Taburi dengan zaitun dan keju feta, lalu lipat sisi lainnya hingga menutup. Untuk menyajikannya, potong menjadi dua dan taburi dengan merica.

**Nutrisi (per 100 g):** 271 kalori 2 g lemak 7 g karbohidrat 18 g protein 648 mg natrium

## Smoothie musim panas

**Waktu persiapan: 8 menit**
**Waktunya memasak**: 0 menit
**Porsi: 2**
**Tingkat kesulitan: mudah**
**Bahan-bahan:**
- 1/2 buah pisang, kupas
- 2 cangkir stroberi, dibelah dua
- 3 sendok makan mint, cincang
- 1 1/2 gelas air kelapa
- 1/2 alpukat, diadu dan dikupas
- 1 buah kurma, cincang
- Es batu secukupnya

**Indikasi:**

Masukkan semuanya ke dalam blender dan haluskan hingga halus. Tambahkan es batu agar mengental dan sajikan dingin.

**Nutrisi (per 100 g):** 360 kalori 12 g lemak 5 g karbohidrat 31 g protein 737 mg natrium

## Pita ham dan telur

**Waktu persiapan: 5 menit**
**Waktunya memasak**: 15 menit
**Porsi: 4**
**Tingkat kesulitan: mudah**

**Bahan-bahan:**

- 6 telur
- 2 bawang merah, cincang
- 1 sendok teh minyak zaitun
- 1/3 cangkir ham asap, cincang
- 1/3 cangkir paprika hijau manis, cincang
- 1/4 cangkir keju brie
- Garam laut dan lada hitam secukupnya
- 4 lembar daun selada
- 2 roti pita, gandum utuh

**Indikasi:**

Panaskan minyak zaitun dalam wajan di atas api sedang. Tambahkan bawang merah dan paprika hijau, biarkan masak selama lima menit, sering diaduk.

Ambil mangkuk dan kocok telur, taburi dengan garam dan merica. Pastikan telur sudah dikocok dengan baik. Masukkan telur ke dalam wajan, lalu campurkan ham dan keju. Aduk rata dan masak sampai adonan mengental. Belah roti menjadi dua dan buka kantongnya. Sebarkan satu sendok teh mustard di setiap kantong dan tambahkan daun selada ke masing-masing kantong. Sendok campuran telur ke masing-masing dan sajikan.

**Nutrisi (per 100 g):** 610 kalori 21 g lemak 10 g karbohidrat 41 g protein 807 mg natrium

## Kuskus untuk sarapan

**Waktu persiapan: 5 menit**
**Waktunya memasak**: 15 menit
**Porsi: 4**
**Kesulitan: sedang**

**Bahan-bahan:**

- 3 cangkir susu, rendah lemak
- 1 batang kayu manis
- 1/2 cangkir aprikot, dikeringkan dan dicincang
- 1/4 cangkir kismis, dikeringkan
- 1 cangkir couscous, mentah
- Sejumput garam laut halus
- 4 sendok teh mentega, lelehkan
- 6 sendok teh gula merah

**Indikasi:**

Panaskan wajan dengan susu dan kayu manis di atas api sedang-tinggi. Masak selama tiga menit sebelum mengangkat panci dari api.

Tambahkan aprikot, couscous, garam, kismis, dan gula. Aduk rata lalu tutup. Sisihkan dan diamkan selama lima belas menit.

Buang batang kayu manis dan bagi di antara mangkuk. Taburi dengan gula merah sebelum disajikan.

**Nutrisi (per 100 g):** 520 kalori 28 g lemak 10 g karbohidrat 39 g protein 619 mg natrium

# Salad persik untuk sarapan

**Waktu persiapan: 10 menit**

**Waktunya memasak:** 0 menit

**Porsi: 1**

**Tingkat kesulitan: mudah**

**Bahan-bahan:**

- 1/4 cangkir kenari, cincang dan panggang
- 1 sendok teh madu, mentah
- 1 buah persik, diadu dan diiris
- 1/2 cangkir keju cottage, bebas lemak dan pada suhu kamar
- 1 sendok makan mint, segar dan cincang
- 1 lemon, kulitnya

**Indikasi:**

Masukkan ricotta ke dalam mangkuk dan hiasi dengan irisan persik dan kenari. Bumbui dengan madu dan hiasi dengan mint.

Segera taburi dengan kulit lemon sebelum disajikan.

**Nutrisi (per 100 g):** 280 kalori 11 g lemak 19 g karbohidrat 39 g protein 527 mg natrium

## Oat asin

**Waktu persiapan: 10 menit**
**Waktunya memasak**: 10 menit
**Porsi: 2**
**Tingkat kesulitan: mudah**

**Bahan-bahan:**

- 1/2 cangkir oat potongan baja
- 1 gelas air
- 1 buah tomat, besar dan cincang
- 1 mentimun, cincang
- 1 sendok makan minyak zaitun
- Garam laut dan lada hitam secukupnya
- Peterseli daun pipih, dipotong untuk hiasan
- Parmesan, rendah lemak dan baru diparut

**Indikasi:**

Rebus gandum dan segelas air dalam panci dengan api besar. Aduk sesering mungkin sampai air benar-benar terserap, yang akan memakan waktu sekitar lima belas menit. Bagi menjadi dua mangkuk dan tambahkan tomat dan mentimun. Gerimis dengan minyak zaitun dan hiasi dengan parmesan. Hiasi dengan peterseli sebelum disajikan.

**Nutrisi (per 100 g):** 408 kalori 13 g lemak 10 g karbohidrat 28 g protein 825 mg natrium

## Tahini dan Roti Apel

**Waktu persiapan: 15 menit**
**Waktunya memasak**: 0 menit
**Porsi: 1**
**Tingkat kesulitan: mudah**

**Bahan-bahan:**

- 2 sendok makan tahini
- 2 iris roti gandum panggang
- 1 sendok teh madu, mentah
- 1 apel, kecil, buang bijinya dan iris tipis

**Indikasi:**

Mulailah dengan menyebarkan tahini di atas roti panggang lalu taburi dengan apel. gerimis dengan madu sebelum disajikan.

**Nutrisi (per 100 g):** 366 kalori 13 g lemak 9 g karbohidrat 29 g protein 686 mg natrium

## Telur Orak-Arik Kemangi

**Waktu persiapan: 5 menit**
**Waktunya memasak**: 10 menit
**Porsi: 2**
**Tingkat kesulitan: mudah**

**Bahan-bahan:**

- 4 telur, besar
- 2 sendok makan kemangi segar, cincang halus
- 2 sendok makan keju Gruyere, parut
- 1 sendok makan krim
- 1 sendok makan minyak zaitun
- 2 siung bawang putih, cincang
- Garam laut dan lada hitam secukupnya

**Indikasi:**

Ambil mangkuk besar dan kocok basil, keju, krim, dan telur. Kocok hingga tercampur rata. Ambil wajan besar di atas api sedang-kecil dan panaskan minyak. Tambahkan bawang putih, masak selama satu menit. Seharusnya berubah menjadi emas.

Tuang adonan telur ke dalam wajan di atas bawang putih, lalu terus diaduk hingga lembut dan mengembang. Bumbui dengan baik dan sajikan panas.

**Nutrisi (per 100 g):** 360 kalori 14 g lemak 8 g karbohidrat 29 g protein 545 mg natrium

## Kentang dan telur Yunani

**Waktu persiapan: 10 menit**
**Waktunya memasak**: 30 menit
**Porsi: 2**
**Tingkat kesulitan: mudah**

**Bahan-bahan:**

- 3 buah tomat, buang bijinya dan cincang kasar
- 2 sendok makan kemangi, segar dan cincang
- 1 siung bawang putih, cincang
- 2 sendok makan + ½ cangkir minyak zaitun, dibagi
- garam laut dan lada hitam secukupnya
- 3 kentang coklat besar
- 4 telur, besar
- 1 sendok teh oregano, segar dan cincang

**Indikasi:**

Ambil food processor dan masukkan tomat ke dalamnya, haluskan dengan kulitnya.

Tambahkan bawang putih, dua sendok makan minyak, garam, merica, dan kemangi. Blender sampai tercampur rata. Masukkan campuran ini ke dalam wajan, masak dengan api kecil selama dua puluh lima menit. Saus Anda harus kental dan berbuih.

Potong dadu kentang lalu masukkan ke dalam wajan dengan ½ cangkir minyak zaitun di atas api sedang-kecil.

Goreng kentang hingga garing dan berwarna keemasan. Ini akan memakan waktu lima menit, jadi tutup panci dan kecilkan api. Kukus sampai kentang matang.

Tuang telur ke dalam saus tomat dan didihkan selama enam menit. Telur Anda harus diatur.

Keluarkan kentang dari wajan dan keringkan dengan handuk kertas. Masukkan ke dalam mangkuk. Taburi dengan garam, merica, dan oregano, lalu sajikan telur dengan kentang. Gerimis campuran di atas saus dan sajikan panas.

**Nutrisi (per 100 g):** 348 kalori 12 g lemak 7 g karbohidrat 27 g protein 469 mg natrium

## Smoothie alpukat dan madu

**Waktu persiapan: 5 menit**

**Waktunya memasak**: 0 menit

**Porsi: 2**

**Tingkat kesulitan: mudah**

**Bahan-bahan:**

- 1 setengah cangkir susu kedelai
- 1 buah alpukat, besar
- 2 sendok makan madu, mentah

**Indikasi:**

Campurkan semua bahan dan blender hingga halus dan sajikan segera.

**Nutrisi (per 100 g):** 280 kalori 19 g lemak 11 g karbohidrat 30 g protein 547 mg natrium

## Omelet sayur

**Waktu persiapan: 5 menit**
**Waktunya memasak:** 10 menit
**Porsi: 2**
**Tingkat kesulitan: mudah**

**Bahan-bahan:**

- 1/2 terong bayi, kupas dan potong dadu
- 1 genggam daun bayam bayi
- 1 sendok makan minyak zaitun
- 3 butir telur, besar
- 1 sendok teh susu almond
- 1 ons keju kambing, hancur
- 1/4 cabe merah kecil, cincang
- garam laut dan lada hitam secukupnya

**Indikasi:**

Mulailah dengan memanaskan panggangan di oven, lalu kocok telur bersama susu almond. Pastikan tercampur rata, lalu pindahkan ke wajan anti lengket dan tahan oven. Letakkan di atas api sedang-tinggi, lalu tambahkan minyak zaitun.

Saat minyak sudah panas, masukkan telur. Sebarkan bayam di atas campuran ini secara merata dan tambahkan sisa sayuran.

Kecilkan api sampai sedang dan bumbui dengan garam dan merica. Biarkan sayuran dan telur matang selama lima menit.

Bagian bawah telur harus keras dan sayuran empuk. Tambahkan keju kambing dan panggang di rak tengah selama 3-5 menit. Telur harus matang sepenuhnya dan keju harus dilelehkan. Potong-potong dan sajikan panas.

**Nutrisi (per 100 g):** 340 kalori 16 g lemak 9 g karbohidrat 37 g protein 748 mg natrium

## Gulungan salad mini

**Waktu persiapan: 15 menit**
**Waktunya memasak**: 0 menit
**Porsi: 4**
**Tingkat kesulitan: mudah**

**Bahan-bahan:**

- 1 buah timun, potong dadu
- 1 bawang merah, iris
- 1 ons keju feta, rendah lemak dan hancur
- 1 jeruk nipis, diperas
- 1 potong dadu tomat
- 1 sendok makan minyak zaitun
- 12 daun selada gunung es kecil
- garam laut dan lada hitam secukupnya

**Indikasi:**

Campurkan tomat, bawang, feta, dan mentimun dalam mangkuk. Campur minyak dan jus dan bumbui dengan garam dan merica.

Isi setiap daun dengan campuran sayuran dan gulung rapat. Gunakan tusuk gigi untuk menyatukannya saat disajikan.

**Nutrisi (per 100 g):** 291 kalori 10 g lemak 9 g karbohidrat 27 g protein 655 mg natrium

## Apel Cous Cous dengan Kari

**Waktu persiapan: 20 menit**
**Waktunya memasak**: Lima menit
**Porsi: 4**
**Kesulitan: sedang**

**Bahan-bahan:**

- 2 sendok teh minyak zaitun
- 2 daun bawang, bagian putihnya saja, iris
- 1 apel, potong dadu
- 2 sendok makan bubuk kari
- 2 cangkir couscous, dimasak dan gandum utuh
- 1/2 cangkir pecan, cincang

**Indikasi:**

Panaskan minyak dalam wajan dengan api sedang. Tambahkan daun bawang dan masak sampai lunak, yang akan memakan waktu lima menit. Tambahkan apel dan masak sampai lunak.

Tambahkan bubuk kari dan couscous dan aduk rata. Segera sebelum disajikan, angkat dari api dan tambahkan kenari.

**Nutrisi (per 100 g):** 330 kalori 12 g lemak 8 g karbohidrat 30 g protein 824 mg natrium

## Domba dan sayuran

**Waktu persiapan: 20 menit**
**Waktunya memasak**: 1 jam 10 menit
**Porsi: 8**
**Kesulitan: sedang**

**Bahan-bahan:**

- 1/4 cangkir minyak zaitun
- 1 pon domba tanpa lemak, bertulang dan potong ½ inci
- 2 buah kentang merah besar, parut dan potong dadu
- 1 bawang bombay, cincang kasar
- 2 siung bawang putih, cincang
- 28 ons tomat potong dadu dengan cairan, kalengan dan tanpa garam
- 2 zucchini, potong menjadi irisan ½ inci
- 1 paprika merah, buang bijinya dan potong dadu berukuran 1 inci
- 2 sendok makan peterseli pipih, cincang
- 1 sendok makan paprika
- 1 sendok teh timi
- 1/2 sendok teh kayu manis
- 1/2 gelas anggur merah
- garam laut dan lada hitam secukupnya

Indikasi:

Mulailah dengan memutar oven ke 325, lalu keluarkan panci rebusan besar. Letakkan di atas api sedang-tinggi untuk memanaskan minyak zaitun. Saat minyaknya panas, aduk domba, dagingnya kecokelatan. Aduk sesering mungkin agar tidak menggumpal, lalu masukkan domba ke dalam wajan pemanggang. Goreng bawang putih, bawang bombay, dan kentang dalam wajan hingga lunak, yang akan memakan waktu lima hingga enam menit lagi. Masukkan juga ke dalam wajan. Tambahkan zucchini, paprika, dan tomat ke dalam wajan dengan bumbu dan rempah-rempah. Biarkan mendidih selama sepuluh menit lagi sebelum dituangkan ke dalam panci. Tuang saus anggur dan merica. Tambahkan tomat dan tutupi dengan kertas timah. Masak selama satu jam. Selama lima belas menit terakhir memasak, buka tutupnya dan sesuaikan bumbu sesuai kebutuhan.

**Nutrisi (per 100 g):** 240 kalori 14 g lemak 8 g karbohidrat 36 g protein 427 mg natrium

## Butes dengan herbal

**Waktu persiapan: 20 menit**
**Waktunya memasak:** 1 jam 5 menit
**Porsi: 4**
**Kesulitan: sedang**

**Bahan-bahan:**

- 1/2 cangkir peterseli daun datar, dikemas ringan
- 1/4 cangkir minyak zaitun
- 4 siung bawang putih, kupas dan potong menjadi dua
- 2 sendok makan rosemary segar
- 2 sendok makan daun thyme, segar
- 2 sendok makan sage, segar
- 2 sendok makan kulit lemon, segar
- 4 fillet flounder
- garam laut dan lada hitam secukupnya

**Indikasi:**

Panaskan oven hingga 350 derajat lalu masukkan semua bahan kecuali flounder ke dalam food processor. Haluskan sampai pasta kenari terbentuk. Letakkan fillet di atas loyang dan olesi dengan pasta. Biarkan dingin di lemari es selama satu jam. Panggang selama sepuluh menit. Cicipi dan sajikan panas.

**Nutrisi (per 100 g):** 307 kalori 11 g lemak 7 g karbohidrat 34 g protein 824 mg natrium

## Kembang kol Quinoa

**Waktu persiapan: 15 menit**
**Waktunya memasak**: 10 menit
**Porsi: 4**
**Tingkat kesulitan: mudah**

**Bahan-bahan:**

- 1 1/2 cangkir quinoa, dimasak
- 3 sendok makan minyak zaitun
- 3 cangkir kuntum kembang kol
- 2 daun bawang, cincang
- 1 sendok makan cuka anggur merah
- garam laut dan lada hitam secukupnya
- 1 sendok makan cuka anggur merah
- 1 sendok makan daun bawang cincang
- 1 sendok makan peterseli cincang

**Indikasi:**

Mulailah dengan memanaskan wajan di atas api sedang-tinggi. Tambahkan minyak Anda. Saat minyaknya panas, tambahkan bawang dan tumis selama sekitar dua menit. Tambahkan quinoa dan kembang kol, lalu tambahkan bahan lainnya. Aduk rata dan tutup. Masak selama sembilan menit dengan api sedang dan bagi di antara piring untuk disajikan.

**Nutrisi (per 100 g):** 290 kalori 14 g lemak 9 g karbohidrat 26 g protein 656 mg natrium

## Smoothie Buah Mangga

**Waktu persiapan: 5 menit**
**Waktunya memasak**: 0 menit
**Porsi: 1**
**Tingkat kesulitan: mudah**

**Bahan-bahan:**

- 2 es batu
- ½ cangkir yogurt Yunani polos
- ½ buah mangga, kupas, buang bijinya, dan cincang
- 1 cangkir kubis, diparut
- 1 buah pir, matang, buang inti dan potong

Indikasi:

Haluskan hingga massa menjadi kental dan homogen. Sajikan dingin.

**Nutrisi (per 100 g):** 350 kalori 12 g lemak 9 g karbohidrat 40 g protein 457 mg natrium

## omelet bayam

**Waktu persiapan: 10 menit**
**Waktunya memasak**: 20 menit
**Porsi: 4**
**Tingkat kesulitan: mudah**

**Bahan-bahan:**

- 3 sendok makan minyak zaitun
- 1 bawang bombay, kecil dan cincang
- 1 siung bawang putih, cincang
- 4 tomat besar, buang bijinya dan cincang
- 1 sendok teh garam laut, halus
- 8 telur kocok
- ¼ sendok teh lada hitam
- 2 ons keju feta, remuk
- 1 sendok makan peterseli pipih, segar dan cincang

**Indikasi:**

Panaskan oven hingga 400 derajat dan tuangkan minyak zaitun ke dalam wajan tahan oven. Tempatkan wajan di atas api besar, tambahkan bawang. Masak selama lima hingga tujuh menit. Bawang Anda harus lunak.

Tambahkan tomat, garam, merica, dan bawang putih. Kemudian didihkan selama lima menit lagi dan tambahkan telur kocok. Aduk perlahan dan masak selama 3-5 menit. Mereka harus ditempatkan di bagian bawah. Masukkan wajan ke dalam oven, masak selama lima menit lagi. Angkat dari oven, hiasi dengan peterseli dan feta. Sajikan panas.

**Nutrisi (per 100 g):** 280 kalori 19 g lemak 10 g karbohidrat 31 g protein 625 mg natrium

## panekuk almond

**Waktu persiapan: 15 menit**

**Waktunya memasak**: 15 menit

**Porsi: 6**

**Tingkat kesulitan: mudah**

Bahan-bahan:

- 2 cangkir susu almond, tanpa pemanis dan pada suhu kamar
- 2 telur, besar dan pada suhu kamar
- ½ cangkir minyak kelapa, lelehkan + lebih banyak untuk mengoles
- 2 sendok teh madu, mentah
- ¼ sendok teh garam laut, halus
- ½ sendok teh soda kue
- 1 ½ cangkir tepung gandum utuh
- ½ cangkir tepung almond
- 1 setengah sendok teh baking powder
- ¼ sendok teh kayu manis, haluskan

**Indikasi:**

Ambil mangkuk besar dan kocok minyak kelapa, telur, susu almond, dan madu, aduk hingga tercampur rata.

Ambil mangkuk sedang dan saring baking powder, baking soda, tepung almond, garam laut, tepung gandum utuh, dan kayu manis. Campur dengan baik.

Tambahkan campuran tepung ke dalam campuran susu dan aduk rata.

Ambil wajan besar dan lapisi dengan minyak kelapa sebelum diletakkan di atas api sedang. Tambahkan ½ cangkir adonan pancake.

Masak selama tiga menit atau sampai pinggirannya keras. Bagian bawah panekuk harus berwarna cokelat keemasan dan gelembung harus pecah di permukaan. Goreng kedua sisinya.

Bersihkan wajan dan ulangi sampai Anda telah menggunakan semua adonan. Pastikan untuk mengolesi kembali wajan dan hiasi dengan buah segar jika diinginkan.

**Nutrisi (per 100 g):** 205 kalori 16 g lemak 9 g karbohidrat 36 g protein 828 mg natrium

# Salad Buah Quinoa

**Waktu persiapan: 25 menit**
**Waktunya memasak**: 0 menit
**Porsi: 4**
**Tingkat kesulitan: mudah**

**Bahan-bahan:**

- 2 sendok makan madu, mentah
- 1 cangkir stroberi, segar dan iris
- 2 sendok makan air jeruk nipis, segar
- 1 sendok teh kemangi, segar dan cincang
- 1 cangkir quinoa, dimasak
- 1 buah mangga, kupas, buang bijinya, dan potong dadu
- 1 cangkir blackberry, segar
- 1 buah persik, diadu dan potong dadu
- 2 buah kiwi, kupas dan potong-potong

**Indikasi:**

Mulailah dengan mencampurkan air jeruk nipis, kemangi, dan madu dalam mangkuk kecil. Dalam mangkuk lain, campurkan stroberi, quinoa, blackberry, persik, kiwi, dan mangga. Sebelum disajikan, tambahkan campuran madu dan aduk rata.

**Nutrisi (per 100 g):** 159 kalori 12 g lemak 9 g karbohidrat 29 g protein 829 mg natrium

# Smoothie stroberi dan rhubarb

**Waktu persiapan: 8 menit**

**Waktunya memasak**: 0 menit

**Porsi: 1**

**Tingkat kesulitan: mudah**

**Bahan-bahan:**

- 1 cangkir stroberi, segar dan iris
- 1 batang rhubarb, cincang
- 2 sendok makan madu, mentah
- 3 es batu
- 1/8 sendok teh kayu manis bubuk
- ½ cangkir yogurt Yunani polos

**Indikasi:**

Untuk memulai, ambil panci kecil dan isi dengan air. Didihkan dengan api besar, lalu tambahkan rhubarb. Rebus selama tiga menit sebelum ditiriskan dan pindahkan ke blender.

Tambahkan yogurt, madu, kayu manis, dan stroberi ke dalam blender. Setelah halus, tambahkan es. Blender hingga tidak ada gumpalan dan menjadi kental. Nikmati dinginnya.

**Nutrisi (per 100 g):** 201 kalori 11 g lemak 9 g karbohidrat 39 g protein 657 mg natrium

## Bubur jelai

**Waktu persiapan: 10 menit**
**Waktunya memasak**: 20 menit
**Porsi: 4**
**Tingkat kesulitan: mudah**

**Bahan-bahan:**

- 1 cangkir beri gandum
- 1 cangkir jelai
- 2 cangkir susu almond, tanpa pemanis + lebih banyak untuk disajikan
- ½ cangkir blueberry
- ½ cangkir biji delima
- 2 gelas air
- ½ cangkir hazelnut, panggang dan cincang
- ¼ cangkir madu, mentah

**Indikasi:**

Ambil panci, taruh di atas api sedang-tinggi, lalu tambahkan susu almond, air, jelai, dan beri gandum. Didihkan sebelum mengurangi api dan biarkan mendidih selama dua puluh lima menit. Aduk sering. Kacang Anda harus empuk.

Taburi setiap sajian dengan blueberry, biji delima, hazelnut, sesendok madu, dan sedikit susu almond.

**Nutrisi (per 100 g):** 150 kalori 10 g lemak 9 g karbohidrat 29 g protein 546 mg natrium

## Roti Jahe dan Smoothie Labu

**Waktu persiapan: 15 menit**
**Waktunya memasak**: 50 menit
**Porsi: 1**
**Tingkat kesulitan: mudah**

**Bahan-bahan:**
- 1 cangkir susu almond, tanpa pemanis
- 2 sendok teh biji chia
- 1 pisang
- ½ cangkir pure labu kalengan
- ¼ sendok teh jahe, haluskan
- ¼ sendok teh kayu manis, haluskan
- 1/8 sendok teh pala, haluskan

**Indikasi:**

Untuk memulai, keluarkan mangkuk dan campurkan biji chai dan susu almond. Biarkan terendam setidaknya selama satu jam, tetapi Anda bisa merendamnya semalaman. Pindahkan ke blender.

Tambahkan sisa bahan lalu aduk hingga rata. Sajikan dingin.

**Nutrisi (per 100 g):** 250 kalori 13 g lemak 7 g karbohidrat 26 g protein 621 mg natrium

## Jus hijau

**Waktu persiapan: 5 menit**
**Waktunya memasak**: 0 menit
**Porsi: 1**
**Tingkat kesulitan: mudah**

**Bahan-bahan:**

- 3 cangkir sayuran berdaun hijau tua
- 1 mentimun
- ¼ cangkir peterseli Italia segar
- ¼ nanas, potong-potong
- ½ apel hijau
- ½ jeruk
- ½ jeruk nipis
- Sejumput jahe parut segar

**Indikasi:**

Haluskan sayuran, mentimun, peterseli, nanas, apel, jeruk, lemon, dan jahe dengan juicer, tuangkan ke dalam cangkir besar dan sajikan.

**Nutrisi (per 100 g):** 200 kalori 14 g lemak 6 g karbohidrat 27 g protein 541 mg natrium

## Smoothie kacang dan kurma

**Waktu persiapan: 10 menit**

**Waktunya memasak**: 0 menit

**Porsi: 2**

**Tingkat kesulitan: mudah**

**Bahan-bahan:**

- 4 tanggal diadu
- ½ cangkir susu
- 2 cangkir yogurt Yunani polos
- 1/2 cangkir kenari
- ½ sendok teh kayu manis, haluskan
- ½ sendok teh ekstrak vanila, murni
- 2-3 es batu

**Indikasi:**

Blender semuanya hingga halus, lalu sajikan dingin.

**Nutrisi (per 100 g):** 109 kalori 11 g lemak 7 g karbohidrat 29 g protein 732 mg natrium

## Koktail susu buah

**Waktu persiapan: 5 menit**
**Waktunya memasak**: 0 menit
**Porsi: 2**
**Tingkat kesulitan: mudah**

**Bahan-bahan:**

- 2 cangkir blueberry
- 2 cangkir susu almond tanpa pemanis
- 1 gelas es serut
- ½ sendok teh jahe bubuk

**Indikasi:**

Masukkan blueberry, susu almond, es, dan jahe ke dalam blender. Blender sampai halus.

**Nutrisi (per 100 g):** 115 kalori 10 g lemak 5 g karbohidrat 27 g protein 912 mg natrium

## Smoothie pisang dan cokelat

**Waktu persiapan: 5 menit**
**Waktunya memasak**: 0 menit
**Porsi: 2**
**Tingkat kesulitan: mudah**

**Bahan-bahan:**

- 2 pisang kupas
- 1 cangkir susu skim
- 1 gelas es serut
- 3 sendok makan bubuk kakao tanpa pemanis
- 3 sendok makan madu

**Indikasi:**

Campurkan pisang, susu almond, es, bubuk kakao, dan madu dalam blender. Haluskan sampai Anda mendapatkan campuran yang halus.

**Nutrisi (per 100 g):**150 kalori 18 g lemak 6 g karbohidrat 30 g protein 821 mg natrium

## Yogurt dengan blueberry, madu, dan mint

**Waktu persiapan: 5 menit**

**Waktunya memasak**: 0 menit

**Porsi: 2**

**Tingkat kesulitan: mudah**

**Bahan-bahan:**

- 2 cangkir yogurt Yunani bebas lemak tanpa pemanis
- 1 cangkir blueberry
- 3 sendok makan madu
- 2 sendok makan daun mint segar cincang

**Indikasi:**

Bagi yogurt menjadi 2 mangkuk. Taburi dengan blueberry, madu, dan mint.

**Nutrisi (per 100 g):** 126 kalori 12 g lemak 8 g karbohidrat 37 g protein 932 mg natrium

## Parfait dengan beri dan yogurt

**Waktu persiapan: 5 menit**

**Waktunya memasak**: 0 menit

**Porsi: 2**

**Tingkat kesulitan: mudah**

**Bahan-bahan:**

- 1 cangkir raspberry
- 1½ cangkir yogurt Yunani bebas lemak tanpa pemanis
- 1 cangkir blackberry
- ¼ cangkir kenari cincang

**Indikasi:**

Campurkan raspberry, yogurt, dan blackberry dalam 2 mangkuk. Taburi dengan kenari.

**Nutrisi (per 100 g):** 119 kalori 13 g lemak 7 g karbohidrat 28 g protein 732 mg natrium

## Oatmeal dengan beri dan biji bunga matahari

**Waktu persiapan: 5 menit**
**Waktunya memasak**: 10 menit
**Porsi: 4**
**Tingkat kesulitan: mudah**

**Bahan-bahan:**

- 1 gelas air
- ½ cangkir susu almond tanpa pemanis
- sejumput garam
- 1 cangkir oat kuno
- ½ cangkir blueberry
- ½ cangkir raspberry
- ¼ cangkir biji bunga matahari

**Indikasi:**

Dalam panci sedang, didihkan air dengan susu almond dan garam laut dengan api sedang-tinggi.

Sertakan oat. Kurangi panas menjadi sedang-rendah dan terus aduk dan masak selama 5 menit. Tutup dan diamkan oatmeal selama 2 menit lagi. Aduk dan sajikan dengan blueberry, raspberry, dan biji bunga matahari.

**Nutrisi (per 100 g):** 106 kalori 9 g lemak 8 g karbohidrat 29 g protein 823 mg natrium

## Biji almond dan maple cepat

**Waktu persiapan: 5 menit**
**Waktunya memasak**: 10 menit
**Porsi: 4**
**Tingkat kesulitan: mudah**

**Bahan-bahan:**

- 1 ½ gelas air
- ½ cangkir susu almond tanpa pemanis
- sejumput garam
- ½ cangkir semolina masak cepat
- ½ sendok teh bubuk kayu manis
- ¼ cangkir sirup maple murni
- ¼ cangkir almond yang dipipihkan

**Indikasi:**

Tempatkan air, susu almond, dan garam laut dalam panci sedang di atas api sedang-tinggi dan didihkan.

Aduk terus dengan sendok kayu, tambahkan butiran perlahan. Terus aduk untuk menghindari gumpalan dan didihkan. Kurangi panas ke pengaturan sedang-rendah. Rebus selama beberapa menit sambil diaduk secara teratur hingga air benar-benar terserap. Tambahkan kayu manis, sirup, dan almond. Masak selama 1 menit lagi, aduk.

**Nutrisi (per 100 g):** 126 kalori 10 g lemak 7 g karbohidrat 28 g protein 851 mg natrium

## Oat pisang

**Waktu persiapan: 10 menit**
**Waktunya memasak**: 10 menit
**Porsi: 2**
**Tingkat kesulitan: mudah**

**Bahan-bahan:**

- 1 pisang, kupas dan iris
- ¾ c. Susu almon
- ½ c. kopi seduh dingin
- 2 tanggal diadu
- 2 sdm. coklat bubuk
- 1 c. serpihan Oat
- 1 setengah sendok makan. Biji chia

**Indikasi:**

Menggunakan blender, tambahkan semua bahan. Kerjakan dengan baik selama 5 menit dan sajikan.

**Nutrisi (per 100 g):** 288 kalori 4,4 g lemak 10 g karbohidrat 5,9 g protein 733 mg natrium

## Sandwich untuk sarapan

**Waktu persiapan: 5 menit**
**Waktunya memasak**: 20 menit
**Porsi: 4**
**Tingkat kesulitan: mudah**

**Bahan-bahan:**

- 4 sandwich multigrain
- 4 sdt. minyak zaitun
- 4 telur
- 1 sendok makan. rosemary, segar
- 2c. daun bayam bayi, segar
- 1 buah tomat, iris
- 1 sendok makan. dari keju feta
- Sejumput garam halal
- Lada hitam tumbuk

**Indikasi:**

Memanaskan lebih dulu oven ke 375 F / 190 C. Olesi ujung tipisnya dengan 2 sdt. minyak zaitun dan letakkan di atas loyang. Panggang dan panggang selama 5 menit atau sampai pinggirannya berwarna kecokelatan.

Tambahkan sisa minyak zaitun dan rosemary ke dalam wajan untuk memanaskan dengan api besar. Hentikan dan tambahkan telur utuh ke dalam wajan satu per satu. Kuning telurnya harus tetap encer, tetapi putih telurnya harus sudah matang.

Pecahkan kuning telur dengan spatula. Balikkan telur dan masak di sisi lainnya hingga matang. Angkat telur dari api. Atur irisan sandwich panggang di 4 piring terpisah. Bayam ilahi di antara yang lembut.

Tutupi setiap lapisan dengan dua irisan tomat, telur rebus, dan 1 sdm. dari keju feta. Taburi sedikit dengan garam dan merica secukupnya. Atur bagian sandwich tipis yang tersisa di atas dan siap untuk disajikan.

**Nutrisi (per 100 g):** 241 kalori 12,2 g lemak 60,2 g karbohidrat 21 g protein 855 mg natrium

## Kuskus pagi

**Waktu persiapan: 10 menit**
**Waktunya memasak**: 8 menit
**Porsi: 4**
**Kesulitan: sedang**

**Bahan-bahan:**

- 3 c. susu rendah lemak
- 1 c. couscous utuh, mentah
- 1 batang kayu manis
- ½ aprikot cincang, dikeringkan
- ¼ c. kismis, dikeringkan
- 6 sdt. gula merah
- ¼ sdt. garam
- 4 sdt. minyak yg dicairkan

**Indikasi:**

Ambil panci besar dan campurkan susu dan batang kayu manis dan panaskan dengan api sedang. Panaskan selama 3 menit atau sampai gelembung mikro terbentuk di sekitar tepi panci. Jangan memasak. Angkat dari api, tambahkan couscous, aprikot, kismis, garam, dan 4 sdt. Gula merah. Tutup adonan dan diamkan selama 15 menit. Angkat dan buang batang kayu manis. Bagi couscous di antara 4 mangkuk dan tutupi masing-masing dengan 1 sdt. mentega cair dan ½ sdt. Gula merah. Siap dihidangkan.

**Nutrisi (per 100 g):** 306 kalori 6 g lemak 5 g karbohidrat 9 g protein 944 mg natrium

## Smoothie alpukat dan apel

**Waktu persiapan: 5 menit**
**Waktunya memasak**: 0 menit
**Porsi: 2**
**Tingkat kesulitan: mudah**

**Bahan-bahan:**

- 3 c. bayam
- 1 buah apel hijau, buang bijinya, cincang
- 1 buah alpukat, diadu, dikupas dan dicincang
- 3 sdm. Biji chia
- 1 sendok teh. Sayang
- 1 buah pisang beku, kupas
- 2c. santan

**Indikasi:**

Menggunakan blender, tambahkan semua bahan. Proses dengan baik selama 5 menit untuk mendapatkan konsistensi yang lembut dan sajikan dalam gelas.

**Nutrisi (per 100 g):** 208 kalori 10,1 g lemak 6 g karbohidrat 7 g protein 924 mg natrium

## Omelet mini

**Waktu persiapan: 10 menit**
**Waktunya memasak**: 20 menit
**Porsi: 8**
**Tingkat kesulitan: mudah**

**Bahan-bahan:**

- 1 bawang kuning, cincang
- 1 c. Keju Parmesan parut
- 1 paprika kuning cincang
- 1 paprika merah cincang
- 1 zucchini cincang
- Garam dan lada hitam
- Sebotol minyak zaitun
- 8 telur kocok
- 2 sdm. bawang putih cincang

**Indikasi:**

Tempatkan wajan di atas api sedang-tinggi. Tambahkan minyak ke panas. Masukkan semua bahan kecuali daun bawang dan telur. Coklat sekitar 5 menit.

Tempatkan telur di atas loyang muffin dan hiasi dengan daun bawang. Setel oven ke 350 F / 176 C. Tempatkan loyang muffin di dalam oven untuk dipanggang selama sekitar 10 menit. Sajikan telur di atas piring dengan sayuran rebus.

**Nutrisi (per 100 g):** 55 kalori 3 g lemak 0,7 g karbohidrat 9 g protein 844 mg natrium

# Oatmeal tomat kering matahari

**Waktu persiapan: 10 menit**
**Waktunya memasak**: 25 menit
**Porsi: 4**
**Tingkat kesulitan: mudah**

**Bahan-bahan:**

- 3 c. air
- 1 c. Susu almon
- 1 sendok makan. minyak zaitun
- 1 c. oat potong baja
- ¼ c. tomat kering yang dipotong-potong
- Sejumput serpihan paprika merah

**Indikasi:**

Menggunakan panci, tambahkan air dan susu untuk dicampur. Nyalakan api sedang dan biarkan mendidih. Siapkan panci lain di atas api sedang-tinggi. Panaskan minyak dan tambahkan oat untuk dimasak selama 2 menit. Pindahkan ke wajan pertama dan tomat, lalu aduk. Biarkan mendidih selama sekitar 20 menit. Tempatkan dalam mangkuk saji dan hiasi dengan serpihan cabai. Untuk menikmati.

**Nutrisi (per 100 g):** 170 kalori 17,8 g lemak 1,5 g karbohidrat 10 g protein 645 mg natrium

## Telur di atas alpukat

**Waktu persiapan: 5 menit**
**Waktunya memasak**: 15 menit
**Porsi: 6**
**Tingkat kesulitan: mudah**

**Bahan-bahan:**

- 1 sendok teh. bubuk bawang putih
- ½ sdt. garam laut
- ¼ c. keju parmesan parut
- ¼ sdt. paprika hitam
- 3 buah alpukat diadu, dibelah dua
- 6 telur

**Indikasi:**

Siapkan kaleng muffin dan panaskan oven hingga 350 F / 176 C. Pisahkan alpukat. Untuk memastikan telur pas di dalam rongga alpukat, kikis perlahan 1/3 dagingnya.

Tempatkan alpukat di atas loyang muffin, pastikan menghadap ke atas. Bumbui setiap alpukat secara merata dengan merica, garam, dan bubuk bawang putih. Tambahkan telur ke setiap rongga alpukat dan hiasi dengan keju. Masukkan ke dalam oven untuk memasak sampai putih telur mengeras, sekitar 15 menit. Sajikan dan nikmati.

**Nutrisi (per 100 g):** 252 kalori 20 g lemak 2 g karbohidrat 5 g protein 946 mg natrium

# Brekky Egg - Kentang Hash

**Waktu persiapan: 10 menit**
**Waktunya memasak**: 25 menit
**Porsi: 2**
**Tingkat kesulitan: mudah**

**Bahan-bahan:**

- 1 zucchini, potong dadu
- ½ c. Kaldu ayam
- 1/2 pon atau 220 g ayam matang
- 1 sendok makan. minyak zaitun
- 4 ons. atau 113 g udang
- Garam dan lada hitam
- 1 buah ubi potong dadu
- 2 telur
- ¼ sdt. cabe rawit
- 2 sdt. bubuk bawang putih
- 1 c. Bayam segar

**Indikasi:**

Tambahkan minyak zaitun ke dalam wajan. Goreng udang, ayam rebus, dan ubi selama 2 menit. Tambahkan cabai rawit, bubuk bawang putih dan aduk selama 4 menit. Tambahkan zucchini dan aduk selama 3 menit lagi.

Kocok telur dalam mangkuk dan tambahkan ke wajan. Bumbui dengan garam dan merica. Tutup dengan penutup. Masak selama 1 menit lagi dan aduk kaldu ayam.

Pasang tutupnya dan masak selama 8 menit lagi dengan api besar. Tambahkan bayam, aduk selama 2 menit lagi dan sajikan.

**Nutrisi (per 100 g):** 198 kalori 0,7 g lemak 7 g karbohidrat 10 g protein 725 mg natrium

# Sup tomat dan kemangi

**Waktu persiapan: 10 menit**
**Waktunya memasak**: 25 menit
**Porsi: 2**
**Kesulitan: sedang**

**Bahan-bahan:**

- 2 sdm. kaldu sayur
- 1 siung bawang putih cincang
- ½ c. bawang putih
- 1 batang seledri, cincang
- 1 wortel cincang
- 3 c. tomat, cincang
- Garam dan merica
- 2 lembar daun salam
- 1½ c. susu almond tanpa pemanis
- 1/3c. daun kemangi

**Indikasi:**

Didihkan kaldu sayur dalam panci besar di atas api sedang. Tambahkan bawang putih dan bawang merah dan masak selama 4 menit. Tambahkan wortel dan seledri. Masak selama 1 menit lagi.

Masukkan tomat dan rebus. Rebus selama 15 menit. Tambahkan susu almond, kemangi dan daun salam. Cicipi dan sajikan.

**Nutrisi (per 100 g):** 213 kalori 3,9 g lemak 9 g karbohidrat 11 g protein 817 mg natrium

## Labu Hummus

**Waktu persiapan: 10 menit**
**Waktunya memasak:** 15 menit
**Porsi: 4**
**Tingkat kesulitan: mudah**

**Bahan-bahan:**

- 2 pon atau 900 g labu butternut tanpa biji, kupas
- 1 sendok makan. minyak zaitun
- ¼ c. tahini
- 2 sdm. jus lemon
- 2 siung bawang putih cincang
- Garam dan merica

**Indikasi:**

Memanaskan lebih dulu oven ke 300 F / 148 C. Lapisi labu dengan minyak zaitun. Letakkan di atas loyang dan panggang dalam oven selama 15 menit. Setelah labu matang, masukkan ke dalam food processor bersama bahan lainnya.

Blender sampai halus. Disajikan dengan wortel dan batang seledri. Untuk menggunakan ruang dalam wadah terpisah di masa mendatang, beri label dan simpan di lemari es. Biarkan sampai suhu kamar sebelum dipanaskan kembali dalam microwave.

**Nutrisi (per 100 g):** 115 kalori 5,8 g lemak 6,7 g karbohidrat 10 g protein 946 mg natrium

# Muffin ham

**Waktu persiapan: 10 menit**
**Waktunya memasak**: 15 menit
**Porsi: 6**
**Kesulitan: sedang**

**Bahan-bahan:**

- 9 iris ham
- 1/3c. bayam cincang
- ¼ c. keju feta hancur
- ½ c. paprika merah panggang cincang
- Garam dan lada hitam
- 1 setengah sendok makan. Basil Pesto
- 5 telur kocok

**Indikasi:**

Olesi loyang muffin. Gunakan 1½ irisan ham untuk melapisi setiap kaleng muffin. Selain lada hitam, garam, pesto, dan telur, bagi sisa bahan ke dalam cangkir ham. Dengan menggunakan mangkuk, kocok merica, garam, pesto, dan telur. Tuang di atas campuran merica. Setel oven ke 400 F / 204 C dan panggang selama sekitar 15 menit. Sajikan segera.

**Nutrisi (per 100 g):** 109 kalori 6,7 g lemak 1,8 g karbohidrat 9 g protein 386 mg natrium

## Salad yang dieja

**Waktu persiapan: 10 menit**
**Waktunya memasak**: 0 menit
**Porsi: 2**
**Tingkat kesulitan: mudah**

**Bahan-bahan:**

- 1 sendok makan. minyak zaitun
- Garam dan lada hitam
- 1 ikat bayam, cincang
- 1 buah alpukat, diadu, dikupas dan dicincang
- 1 siung bawang putih cincang
- 2c. rebus dieja
- ½ c. tomat ceri, potong dadu

**Indikasi:**

Sesuaikan api menjadi sedang. Masukkan minyak ke dalam wajan dan panaskan. Masukkan bahan-bahan yang tersisa. Masak campuran selama sekitar 5 menit. Tempatkan di piring saji dan nikmati.

**Nutrisi (per 100 g):** 157 kalori 13,7 g lemak 5,5 g karbohidrat 6 g protein 615 mg natrium

## Blueberry dan kurma

**Waktu persiapan: 10 menit**
**Waktunya memasak**: 20 menit
**Porsi: 10**
**Tingkat kesulitan: mudah**

**Bahan-bahan:**

- 12 kurma diadu, dicincang
- 1 sendok teh. ekstrak vanili
- ¼ c. Sayang
- ½ c. serpihan Oat
- ¾ c. cranberry kering
- ¼ c. minyak alpukat almond yang meleleh
- 1 c. kenari cincang, panggang
- ¼ c. biji labu

**Indikasi:**

Menggunakan mangkuk, campur semua bahan untuk digabungkan.

Sebarkan kertas perkamen di atas loyang. Tekan campuran ke pengaturan. Masukkan ke dalam freezer kurang lebih 30 menit. Potong menjadi 10 kotak dan nikmati.

**Nutrisi (per 100 g):** 263 kalori 13,4 g lemak 14,3 g karbohidrat 7 g protein 845 mg natrium

# Omelet Lentil dan Cheddar

**Waktu persiapan: 5 menit**
**Waktunya memasak**: 17 menit
**Porsi: 4**
**Tingkat kesulitan: mudah**

**Bahan-bahan:**

- 1 bawang merah cincang
- 2 sdm. minyak zaitun
- 1 c. ubi rebus, cincang
- ¾ c. HAM yang sudah dipotong-potong
- 4 telur kocok
- ¾ c. lentil rebus
- 2 sdm. yogurt Yunani
- Garam dan lada hitam
- ½ c. tomat ceri dipotong menjadi dua,
- ¾ c. keju cheddar parut

**Indikasi:**

Sesuaikan panas menjadi sedang dan letakkan wajan di atasnya. Tambahkan minyak ke panas. Aduk bawang dan biarkan berwarna cokelat selama sekitar 2 menit. Tambahkan sisa bahan kecuali keju dan telur dan masak lagi selama 3 menit. Tambahkan telur, hiasi dengan keju. Masak tertutup selama 10 menit lagi.

Potong telur dadar menjadi irisan, masukkan ke dalam mangkuk dan nikmati.

**Nutrisi (per 100 g):** 274 kalori 17,3 g lemak 3,5 g karbohidrat 6 g protein 843 mg natrium

## Roti isi tuna

**Waktu persiapan: 5 menit**
**Waktunya memasak**: Lima menit
**Porsi: 2**
**Tingkat kesulitan: mudah**

**Bahan-bahan:**

- 6 ons. atau 170 g tuna kalengan, ditiriskan dan dipipihkan
- 1 buah alpukat, diadu, dikupas dan dicincang
- 4 potong roti gandum
- Sedikit garam dan lada hitam
- 1 sendok makan. keju feta hancur
- 1 c. bayam kecil

**Indikasi:**

Menggunakan mangkuk, campur merica, garam, tuna, dan keju untuk digabungkan. Oleskan krim alpukat tumbuk pada irisan roti.

Demikian pula, bagi campuran tuna dan bayam menjadi 2 irisan. Selesaikan dengan sisa 2 irisan. Melayani.

**Nutrisi (per 100 g):** 283 kalori 11,2 g lemak 3,4 g karbohidrat 8 g protein 754 mg natrium

# Salad yang dieja

**Waktu persiapan: 15 menit**
**Waktunya memasak**: 30 menit
**Porsi: 4**
**Kesulitan: sedang**

**Bahan-bahan:**

- <u>salad</u>
- 2 ½ cangkir kaldu sayuran
- ¾ cangkir keju feta hancur
- 1 kaleng buncis, tiriskan
- 1 mentimun, cincang
- 1 ½ cangkir dieja mutiara
- 1 sendok makan minyak zaitun
- ½ irisan bawang bombay
- 2 cangkir bayam bayi, cincang
- 1 liter tomat ceri
- 1 ¼ gelas air
- <u>Rempah-rempah:</u>
- 2 sendok makan jus lemon
- 1 sendok makan madu
- ¼ cangkir minyak zaitun
- ¼ sendok teh oregano
- 1 sejumput serpihan paprika merah
- ¼ sendok teh garam

- 1 sendok makan cuka anggur merah

**Indikasi:**

Panaskan minyak dalam wajan. Tambahkan ejaan dan masak sebentar. Pastikan untuk mengaduknya secara teratur saat memasak. Tambahkan air dan kaldu, lalu didihkan. Kecilkan api dan didihkan sampai farro empuk, sekitar 30 menit. Tiriskan air dan pindahkan mantra ke mangkuk.

Tambahkan bayam dan aduk. Biarkan dingin selama sekitar 20 menit. Tambahkan mentimun, bawang, tomat, paprika, buncis, dan feta. Aduk rata untuk mendapatkan campuran yang baik. Mundur dan siapkan sausnya.

Campurkan semua bahan saus dan aduk hingga rata. Tuang ke dalam mangkuk dan aduk rata. Cicipi secukupnya.

**Nutrisi (per 100 g):** 365 kalori 10 g lemak 43 g karbohidrat 13 g protein 845 mg natrium

# Salad buncis dan zucchini

**Waktu persiapan: 10 menit**
**Waktunya memasak**: 0 menit
**Porsi: 3**
**Tingkat kesulitan: mudah**

**Bahan-bahan:**

- ¼ cangkir cuka balsamik
- 1/3 cangkir daun kemangi cincang
- 1 sendok makan caper, tiriskan dan cincang
- ½ cangkir keju feta hancur
- 1 kaleng buncis, tiriskan
- 1 siung bawang putih cincang
- ½ cangkir zaitun Kalamata cincang
- 1/3 cangkir minyak zaitun
- ½ cangkir bawang manis, cincang
- ½ sendok teh oregano
- 1 sejumput serpihan paprika merah yang dihancurkan
- ¾ cangkir paprika merah, dihaluskan
- 1 sendok makan rosemary cincang
- 2 cangkir zucchini, potong dadu
- Garam dan merica secukupnya

**Indikasi:**

Campurkan sayuran dalam mangkuk dan tutup rapat.

Sajikan pada suhu kamar. Tetapi untuk hasil terbaik, dinginkan hidangan selama beberapa jam sebelum disajikan agar rasa bisa bercampur.

**Nutrisi (per 100 g):** 258 kalori 12 g lemak 19 g karbohidrat 5,6 g protein 686 mg natrium

# salad artichoke Provence

**Waktu persiapan: 15 menit**

**Waktunya memasak**: Lima menit

**Porsi: 3**

**Tingkat kesulitan: mudah**

**Bahan-bahan:**

- 250 g hati artichoke
- 1 sendok teh kemangi cincang
- 2 siung bawang putih, cincang
- 1 kulit lemon
- 1 sendok makan zaitun, cincang
- 1 sendok makan minyak zaitun
- ½ bawang bombay cincang
- 1 sejumput, ½ sendok teh garam
- 2 buah tomat, cincang
- 3 sendok makan air
- ½ gelas anggur putih
- Garam dan merica secukupnya

**Indikasi:**

Panaskan minyak dalam wajan. Tumis bawang bombay dan bawang putih. Goreng sampai bawang transparan dan tambahkan sedikit garam. Tuang anggur putih dan didihkan sampai anggur berkurang setengahnya.

Tambahkan bubur tomat, hati artichoke, dan air. Didihkan, lalu tambahkan kulit lemon dan sekitar ½ sendok teh garam. Tutup dan masak selama sekitar 6 menit.

Tambahkan zaitun dan kemangi. Bumbui dengan baik dan nikmatilah!

**Nutrisi (per 100 g):** 147 kalori 13 g lemak 18 g karbohidrat 4 g protein 689 mg natrium

## salad Bulgaria

**Waktu persiapan: 10 menit**

**Waktunya memasak**: 20 menit

**Porsi: 2**

**Kesulitan: sedang**

**Bahan-bahan:**

- 2 cangkir bulgur
- 1 sendok makan mentega
- 1 buah mentimun, potong-potong
- ¼ cangkir dill
- ¼ cangkir buah zaitun hitam, dibelah dua
- 1 sendok makan, 2 sendok teh minyak zaitun
- 4 gelas air
- 2 sendok teh cuka anggur merah
- garam, secukupnya

**Indikasi:**

Panggang bulgur dalam panci di atas campuran mentega dan minyak zaitun. Masak hingga bulgur berwarna cokelat keemasan dan mulai pecah.

Tambahkan air dan tambahkan garam. Bungkus semuanya dan didihkan selama sekitar 20 menit atau sampai bulgur empuk.

Campur potongan mentimun dengan minyak zaitun, adas, cuka anggur merah, dan zaitun hitam dalam mangkuk. Campur semuanya dengan baik.

Campurkan mentimun dan bulgur.

**Nutrisi (per 100 g):** 386 kalori 14 g lemak 55 g karbohidrat 9 g protein 545 mg natrium

# Mangkuk untuk salad falafel

**Waktu persiapan: 15 menit**

**Waktunya memasak**: Lima menit

**Porsi: 2**

**Tingkat kesulitan: mudah**

**Bahan-bahan:**

- 1 sendok makan saus bawang putih panas
- 1 sendok makan bawang putih dan saus dill
- 1 paket falafel vegetarian
- 1 kotak humus
- 2 sendok makan jus lemon
- 1 sendok makan zaitun kalamata diadu
- 1 sendok makan minyak zaitun extra virgin
- 1/4 cangkir bawang potong dadu
- 2 cangkir peterseli cincang
- 2 cangkir roti pita berkerak
- 1 sejumput garam
- 1 sendok makan saus tahini
- ½ cangkir tomat potong dadu

**Indikasi:**

Siapkan falafel yang sudah jadi. Sisihkan. Membuat salad. Campur peterseli, bawang, tomat, jus lemon, minyak zaitun dan garam. Buang semuanya dan sisihkan. Pindahkan semuanya ke piring saji. Tambahkan peterseli dan atasnya dengan hummus dan falafel. Taburi mangkuk dengan saus tahini, saus cabai bawang putih, dan saus dill. Saat disajikan, tambahkan jus lemon dan campur salad dengan baik. Sajikan dengan roti pita di sampingnya.

**Nutrisi (per 100 g):** 561 kalori 11 g lemak 60,1 g karbohidrat 18,5 g protein 944 mg natrium

# Salad Yunani sederhana

**Waktu persiapan: 15 menit**

**Waktunya memasak**: 0 menit

**Porsi: 2**

**Tingkat kesulitan: mudah**

**Bahan-bahan:**

- 120 g feta Yunani, potong dadu
- 5 buah mentimun, potong memanjang
- 1 sendok teh madu
- 1 lemon, kunyah dan parut
- 1 cangkir zaitun Kalamata, diadu dan dibelah dua
- ¼ cangkir minyak zaitun extra virgin
- 1 bawang bombay, iris
- 1 sendok teh oregano
- 1 sejumput oregano segar (untuk hiasan)
- 12 tomat, dipotong-potong
- ¼ cangkir cuka anggur merah
- Garam dan merica secukupnya

**Indikasi:**

Dalam mangkuk, rendam bawang dalam air garam selama 15 menit. Dalam mangkuk besar, campur madu, jus lemon, kulit lemon, oregano, garam, dan merica. Campur semuanya. Tambahkan minyak zaitun secara bertahap, aduk hingga minyak teremulsi. Tambahkan zaitun dan tomat. Lakukan dengan benar. Tambahkan mentimun

Tiriskan bawang yang direndam dalam air asin dan tambahkan ke campuran salad. Akhiri salad dengan oregano dan feta segar. Olesi dengan minyak zaitun dan tambahkan lada secukupnya.

**Nutrisi (per 100 g):** 292 kalori 17 g lemak 12 g karbohidrat 6 g protein 743 mg natrium

# Salad roket dengan buah ara dan kenari

**Waktu persiapan: 15 menit**

**Waktunya memasak**: 10 menit

**Porsi: 2**

**Tingkat kesulitan: mudah**

**Bahan-bahan:**

- 150 gr roket
- 1 buah wortel, parut
- 1/8 sendok teh cabai rawit
- 3 ons keju kambing, hancur
- 1 toples buncis tawar, tiriskan
- ½ cangkir buah ara kering, iris
- 1 sendok teh madu
- 3 sendok makan minyak zaitun
- 2 sendok teh cuka balsamic
- Potong ½ kenari menjadi dua
- garam, secukupnya

**Indikasi:**

Panaskan oven hingga 175 derajat. Dalam loyang, campurkan kenari, 1 sendok makan minyak zaitun, cabai rawit, dan 1/8 sendok teh garam. Pindahkan wajan ke oven dan masak sampai kenari berwarna cokelat keemasan. Setelah selesai, sisihkan.

Campurkan madu, cuka balsamic, 2 sendok makan minyak, dan ¾ sendok teh garam ke dalam mangkuk.

Dalam mangkuk besar, gabungkan roket, wortel, dan buah ara. Tambahkan kenari dan keju kambing dan tambahkan vinaigrette madu balsamic. Pastikan untuk menutupi semuanya.

**Nutrisi (per 100 g):** 403 kalori 9 g lemak 35 g karbohidrat 13 g protein 844 mg natrium

# Salad kembang kol dengan tahini vinaigrette

**Waktu persiapan: 15 menit**
**Waktunya memasak**: Lima menit
**Porsi: 2**
**Kesulitan: sedang**

**Bahan-bahan:**

- 1 ½ pon kembang kol
- ¼ cangkir ceri kering
- 3 sendok makan jus lemon
- 1 sendok makan mint segar, cincang
- 1 sendok teh minyak zaitun
- ½ cangkir peterseli cincang
- 3 sendok makan pistachio panggang asin, cincang
- ½ sendok teh garam
- ¼ cangkir bawang merah, cincang
- 2 sendok makan tahini

**Indikasi:**

Parut kembang kol dalam mangkuk yang aman untuk microwave, tambahkan minyak zaitun dan ¼ garam. Pastikan untuk melapisi kembang kol secara merata dan bumbui. Tutupi mangkuk dengan cling film dan panaskan dalam microwave selama sekitar 3 menit.

Letakkan nasi dan kembang kol di atas loyang dan biarkan dingin selama sekitar 10 menit. Tambahkan jus lemon dan bawang merah. Diamkan agar kembang kol menyerap rasa.

Tambahkan campuran tahini, ceri, peterseli, mint, dan garam. Campur semuanya dengan baik. Taburi dengan pistachio panggang sebelum disajikan.

**Nutrisi (per 100 g):** 165 kalori 10 g lemak 20 g karbohidrat 6 g protein 651 mg natrium

# salad kentang mediterania

**Waktu persiapan: 15 menit**

**Waktunya memasak**: 10 menit

**Porsi: 2**

**Tingkat kesulitan: mudah**

**Bahan-bahan:**

- 1 ikat daun kemangi, cincang
- 1 siung bawang putih, dihaluskan
- 1 sendok makan minyak zaitun
- 1 bawang bombay, iris
- 1 sendok teh oregano
- 100 g cabai merah panggang. Irisan
- 300 g kentang, potong setengah
- 1 kaleng tomat ceri
- Garam dan merica secukupnya

**Indikasi:**

Goreng bawang dalam panci. Tambahkan oregano dan bawang putih. Masak selama satu menit penuh. Tambahkan paprika dan tomat. Bumbui dengan baik, lalu didihkan selama sekitar 10 menit. Sisihkan.

Rebus kentang dalam jumlah besar air asin dalam panci. Masak hingga empuk, sekitar 15 menit. Menguras dengan baik. Campur kentang dengan saus dan tambahkan kemangi dan zaitun. Terakhir, buang semuanya sebelum disajikan.

**Nutrisi (per 100 g):** 111 kalori 9 g lemak 16 g karbohidrat 3 g protein 745 mg natrium

# Quinoa dan salad pistachio

**Waktu persiapan: 10 menit**

**Waktunya memasak**: 15 menit

**Porsi: 2**

**Tingkat kesulitan: mudah**

**Bahan-bahan:**

- ¼ sendok teh jintan
- ½ cangkir kismis kering
- 1 sendok teh kulit lemon parut
- 2 sendok makan jus lemon
- ½ cangkir bawang hijau, cincang
- 1 sendok makan mint cincang
- 2 sendok makan minyak zaitun extra virgin
- ¼ cangkir peterseli cincang
- ¼ sendok teh lada bubuk
- 1/3 cangkir pistachio cincang
- 1 ¼ cangkir quinoa mentah
- 1 2/3 gelas air

**Indikasi:**

Campurkan 1 2/3 gelas air, kismis, dan quinoa dalam panci. Didihkan semuanya, lalu kecilkan api. Rebus semuanya selama sekitar 10 menit dan biarkan quinoa menjadi berbuih. Sisihkan selama sekitar 5 menit. Pindahkan campuran quinoa ke mangkuk. Tambahkan kenari, mint, bawang, dan peterseli. Campur semuanya. Dalam mangkuk terpisah, campur kulit lemon, jus lemon, kismis, jintan, dan minyak. Kalahkan mereka bersama. Campur bahan kering dan basah.

**Nutrisi (per 100 g):** 248 kalori 8 g lemak 35 g karbohidrat 7 g protein 914 mg natrium

# Salad Ayam Mentimun dengan Bumbu Kacang Pedas

**Waktu persiapan: 15 menit**
**Waktunya memasak**: 0 menit
**Porsi: 2**
**Kesulitan: sedang**

**Bahan-bahan:**

- 1/2 cangkir selai kacang
- 1 sendok makan sambal oelek (pasta cabai)
- 1 sendok makan kecap rendah sodium
- 1 sendok teh minyak wijen panggang
- 4 sendok makan air atau lebih jika diperlukan
- 1 mentimun, kupas dan potong tipis-tipis
- 1 fillet ayam rebus, parut tipis-tipis
- 2 sendok makan kacang cincang

**Indikasi:**

Campurkan selai kacang, kecap, minyak wijen, sambal oelek dan air dalam mangkuk. Tempatkan irisan mentimun di atas piring. Hiasi dengan ayam parut dan gerimis dengan saus. Taburi dengan kacang cincang.

**Nutrisi (per 100 g):** 720 kalori 54 g lemak 8,9 g karbohidrat 45,9 g protein 733 mg natrium

# Paella sayur

**Waktu persiapan: 25 menit**

**Waktunya memasak**: 45 menit

**Porsi: 6**

**Kesulitan: sedang**

## Bahan-bahan:

- ¼ cangkir minyak zaitun
- 1 bawang manis besar
- 1 cabe merah besar
- 1 paprika hijau besar
- 3 siung bawang putih, cincang halus
- 1 sendok teh paprika asap
- 5 helai kunyit
- 1 zucchini, potong ½ inci kubus
- 4 tomat matang besar, kupas, buang bijinya dan potong-potong
- 1 1/2 cangkir nasi Spanyol berbutir pendek
- 3 cangkir kaldu sayuran, panaskan

## Indikasi:

Memanaskan lebih dulu oven ke 350 ° F. Panaskan minyak zaitun dengan api sedang. Tambahkan bawang, paprika merah dan hijau dan masak selama 10 menit.

Termasuk bawang putih, paprika, benang kunyit, cukini dan tomat. Kurangi panas menjadi sedang-rendah dan didihkan selama 10 menit.

Tuang nasi dan kaldu sayur. Tambahkan panas untuk mendidihkan paella. Nyalakan api sedang-kecil dan masak selama 15 menit. Tutupi loyang dengan aluminium foil dan masukkan ke dalam oven.

Masak selama 10 menit atau sampai kaldu terserap.

**Nutrisi (per 100 g):** 288 kalori 10 g lemak 46 g karbohidrat 3 g protein 671 mg natrium

# Casserole terong dan nasi

**Waktu persiapan: 30 menit**

**Waktunya memasak**: 35 menit

**Porsi: 4**

**Tingkat Kesulitan: Sulit**

**Bahan-bahan:**

- <u>untuk saus</u>
- ½ cangkir minyak zaitun
- 1 bawang bombay kecil, cincang
- 4 siung bawang putih, cincang
- 6 buah tomat matang, kupas dan potong-potong
- 2 sendok makan pasta tomat
- 1 sendok teh oregano kering
- ¼ sendok teh pala bubuk
- ¼ sendok teh jintan bubuk
- <u>Tentang casserole</u>
- 4 terong Jepang berukuran 6 inci, dibelah dua memanjang
- 2 sendok makan minyak zaitun
- 1 mangkok nasi matang
- 2 sendok makan kacang pinus, panggang
- 1 gelas air

**Indikasi:**

Untuk membuat saus

Panaskan minyak zaitun dalam panci berdasar tebal di atas api sedang. Tambahkan bawang dan masak selama 5 menit. Tambahkan bawang putih, tomat, pasta tomat, oregano, pala, dan jintan. Didihkan, lalu kecilkan api dan didihkan selama 10 menit. Angkat dan sisihkan.

Untuk membuat casserole

Panaskan panggangan. Saat saus mendidih, taburi terong dengan minyak zaitun dan atur di atas loyang. Masak selama sekitar 5 menit sampai berwarna cokelat keemasan. Angkat dan biarkan dingin. Memanaskan lebih dulu oven ke 375 ° F. Atur terong yang sudah dingin, potong bagian atas, dalam loyang berukuran 9x13 inci. Keluarkan sebagian daging dengan hati-hati untuk memberi ruang bagi isian.

Campur setengah dari saus tomat, nasi dan kacang pinus dalam mangkuk. Isi setiap setengah terong dengan campuran nasi. Dalam mangkuk yang sama, campur sisa saus tomat dan air. Tuang di atas terong. Masak, tutup, selama 20 menit sampai terong lunak.

**Nutrisi (per 100 g):** 453 kalori 39 g lemak 29 g karbohidrat 7 g protein 820 mg natrium

# couscous dengan sayuran

**Waktu persiapan: 15 menit**

**Waktunya memasak**: 45 menit

**Porsi: 8**

**Tingkat Kesulitan: Sulit**

**Bahan-bahan:**

- ¼ cangkir minyak zaitun
- 1 bawang bombay, cincang
- 4 siung bawang putih, cincang
- 2 paprika jalapeño, ditusuk dengan garpu di beberapa tempat
- ½ sendok teh jintan bubuk
- ½ sendok teh ketumbar bubuk
- 1 (28 ons) kaleng tomat cincang
- 2 sendok makan pasta tomat
- 1/8 sendok teh garam
- 2 lembar daun salam
- 11 gelas air, dibagi
- 4 wortel
- 2 zucchini, potong menjadi 2 inci
- 1 labu acorn, dibelah dua, diunggulkan, dan dipotong menjadi irisan 1 inci
- 1 (15 ons) kaleng buncis, tiriskan dan bilas
- 1/4 cangkir lemon diawetkan cincang (opsional)

- 3 cangkir couscous

**Indikasi:**

Panaskan minyak zaitun dalam panci berdasar tebal. Tambahkan bawang dan masak selama 4 menit. Aduk bawang putih, jalapeno, jintan dan ketumbar. Masak selama 1 menit. Tambahkan tomat, pasta tomat, garam, daun salam dan 8 gelas air. Didihkan.

Tambahkan wortel, zucchini, dan acorn squash, lalu didihkan kembali. Kecilkan api sedikit, tutup dan masak selama sekitar 20 menit, sampai sayuran empuk tapi tidak lembek. Ambil 2 gelas cairan masak dan sisihkan. Bumbui sesuai kebutuhan.

Tambahkan buncis dan lemon kalengan (jika menggunakan). Masak selama beberapa menit dan matikan api.

Dalam panci sedang, didihkan sisa 3 gelas air dengan api besar. Tambahkan couscous, tutup dan matikan api. Biarkan couscous berdiri selama 10 menit. Bumbui dengan 1 cangkir cairan memasak yang sudah dipesan. Dengan menggunakan garpu, ratakan couscous.

Taruh di piring saji besar. Basahi dengan sisa cairan masak. Keluarkan sayuran dari panci dan atur di atasnya. Rebusan yang tersisa disajikan di piring terpisah.

**Nutrisi (per 100 g):** 415 kalori 7 g lemak 75 g karbohidrat 9 g protein 718 mg natrium

# Kushari

**Waktu persiapan: 25 menit**

**Waktunya memasak**: 1 jam 20 menit

**Porsi: 8**

**Tingkat Kesulitan: Sulit**

**Bahan-bahan:**

- untuk saus
- 2 sendok makan minyak zaitun
- 2 siung bawang putih, cincang
- 1 (16 ons) kaleng saus tomat
- ¼ cangkir cuka putih
- ¼ cangkir Harissa atau dibeli di toko
- 1/8 sendok teh garam
- Tentang nasi
- 1 cangkir minyak zaitun
- 2 bawang bombay, cincang halus
- 2 cangkir lentil coklat kering
- 4 liter ditambah ½ gelas air, dibagi
- 2 cangkir nasi bulir pendek
- 1 sendok teh garam
- 1 pon pasta siku pendek
- 1 (15 ons) kaleng buncis, tiriskan dan bilas

**Indikasi:**

Untuk membuat saus

Rebus minyak zaitun dalam panci. Goreng bawang putih. Tuang saus tomat, cuka, harissa, dan garam. Didihkan saus. Kecilkan api dan didihkan selama 20 menit atau sampai saus mengental. Angkat dan sisihkan.

Untuk memasak nasi

Siapkan piring dengan kertas penyerap dan sisihkan. Panaskan minyak zaitun dalam wajan besar di atas api sedang. Goreng bawang bombay, sering diaduk, hingga renyah dan berwarna keemasan. Pindahkan bawang ke piring yang sudah disiapkan dan sisihkan. Cadangan 2 sendok makan minyak goreng. Cadangan panci.

Campurkan lentil dan 4 gelas air dalam panci dengan api besar. Biarkan mendidih dan masak selama 20 menit. Saring dan tambahkan 2 sendok makan minyak goreng. Menyisihkan. Cadangan makanan.

Tempatkan wajan yang Anda gunakan untuk memasak bawang di atas api sedang-tinggi dan tambahkan nasi, 4 1/2 gelas air, dan garam. Didihkan. Kecilkan api dan masak selama 20 menit.

Matikan dan sisihkan selama 10 menit. Didihkan 8 gelas air asin yang tersisa di panci yang sama dengan yang memasak lentil. Tambahkan pasta dan masak selama 6 menit atau sesuai petunjuk paket. Tiriskan dan sisihkan.

Untuk merakit

Sendok nasi ke piring saji. Taburi dengan lentil, buncis, dan pasta. Tuang saus tomat panas dan taburi dengan bawang goreng renyah.

**Nutrisi (per 100 g):** 668 kalori 13 g lemak 113 g karbohidrat 18 g protein 481 mg natrium

# Bulgur dengan tomat dan buncis

**Waktu persiapan: 10 menit**

**Waktunya memasak**: 35 menit

**Porsi: 6**

**Kesulitan: sedang**

**Bahan-bahan:**

- ½ cangkir minyak zaitun
- 1 bawang bombay, cincang
- 6 tomat potong dadu atau 1 (16 ons) potong dadu tomat
- 2 sendok makan pasta tomat
- 2 gelas air
- 1 sendok makan Harissa atau dibeli di toko
- 1/8 sendok teh garam
- 2 cangkir bulgur kasar
- 1 (15 ons) kaleng buncis, tiriskan dan bilas

**Indikasi:**

Panaskan minyak zaitun dalam panci berdasar tebal di atas api sedang. Goreng bawang, lalu tambahkan tomat dengan jus dan masak selama 5 menit.

Tuang pasta tomat, air, harissa, dan garam. Didihkan.

Sertakan bulgur dan buncis. Didihkan kembali campuran tersebut. Kecilkan api dan didihkan selama 15 menit. Diamkan selama 15 menit sebelum disajikan.

**Nutrisi (per 100 g):** 413 kalori 19 g lemak 55 g karbohidrat 14 g protein 728 mg natrium

## Makarel Pasta

**Waktu persiapan: 10 menit**

**Waktunya memasak**: 15 menit

**Porsi: 4**

**Tingkat kesulitan: mudah**

**Bahan-bahan:**

- 12 ons pasta
- 1 siung bawang putih
- 14 ons saus tomat
- 1 tangkai peterseli cincang
- 2 cabai segar
- 1 sendok teh garam
- 200 g makarel dalam minyak
- 3 sendok makan minyak zaitun extra virgin

**Indikasi:**

Mulailah dengan mendidihkan sepanci air. Saat air sedang memanas, ambil panci, tuangkan minyak dan sedikit bawang putih ke dalamnya dan masak dengan api kecil. Saat bawang putih sudah siap, keluarkan dari wajan.

Potong cabai, buang bijinya dan potong tipis-tipis.

Tambahkan air rebusan dan paprika merah ke dalam panci yang sama seperti sebelumnya. Kemudian ambil ikan kembung dan setelah ditiriskan minyaknya dan pisahkan dengan garpu, masukkan ke dalam wajan bersama bahan lainnya. Coklat muda dengan menambahkan sedikit air rebusan.

Setelah semua bahan tercampur rata, tambahkan pure tomat ke dalam wajan. Aduk rata agar semua bahan tercampur rata dan masak dengan api kecil selama kurang lebih 3 menit.

Mari beralih ke pasta:

Saat air mulai mendidih, tambahkan garam dan pasta. Tiriskan pasta saat agak al dente dan tambahkan saus yang sudah disiapkan.

Didihkan beberapa saat dalam saus dan bumbui dengan garam dan merica secukupnya.

**Nutrisi (per 100 g):** 510 kalori 15,4 g lemak 70 g karbohidrat 22,9 g protein 730 mg natrium

# Pasta Dengan tomat ceri dan ikan teri

**Waktu persiapan: 10 menit**

**Waktunya memasak**: 15 menit

**Porsi: 4**

**Tingkat kesulitan: mudah**

**Bahan-bahan:**

- pasta makaroni 14 ons
- 6 ikan teri asin
- 4 ons tomat ceri
- 1 siung bawang putih
- 3 sendok makan minyak zaitun extra virgin
- Cabai segar secukupnya
- 3 daun kemangi
- Garam secukupnya

**Indikasi:**

Mulailah dengan memanaskan air dalam panci dan tambahkan garam saat mendidih. Sementara itu, siapkan sausnya: setelah dicuci, ambil tomat dan potong menjadi 4 bagian.

Sekarang ambil wajan anti lengket, gerimis dengan minyak dan masukkan satu siung bawang putih. Jika sudah matang, keluarkan dari wajan. Tambahkan ikan teri yang sudah dibersihkan ke dalam wajan, larutkan dalam minyak.

Setelah ikan teri meleleh dengan baik, tambahkan tomat cincang dan besarkan api sampai mulai melunak (hati-hati jangan sampai terlalu lunak).

Tambahkan lada yang dihancurkan tanpa biji dan cicipi.

Tuang pasta ke dalam panci berisi air mendidih, tiriskan al dente dan tumis di wajan selama beberapa saat.

**Nutrisi (per 100 g):** 476 kalori 11 g lemak 81,4 g karbohidrat 12,9 g protein 763 mg natrium

# Risotto dengan lemon dan udang

**Waktu persiapan: 10 menit**

**Waktunya memasak**: 30 menit

**Porsi: 4**

**Tingkat kesulitan: mudah**

**Bahan-bahan:**

- 1 jeruk nipis
- 14 ons udang kupas
- 1 ¾ cangkir nasi risotto
- 1 bawang putih
- 33 fl. 1 liter kaldu sayuran (lebih sedikit pun tidak apa-apa)
- 2 setengah sendok makan mentega
- ½ gelas anggur putih
- Garam secukupnya
- Lada hitam secukupnya
- Daun bawang secukupnya

**Indikasi:**

Mulailah dengan merebus udang dalam air asin selama 3-4 menit, tiriskan dan sisihkan.

Kupas dan potong halus bawang bombay, goreng dengan mentega cair dan setelah mentega mengering, panggang nasi di atas wajan selama beberapa menit.

Basahi nasi dengan setengah gelas anggur putih, lalu tambahkan jus 1 buah lemon. Aduk dan selesaikan memasak nasi, terus tambahkan sesendok kaldu sayur sesuai kebutuhan.

Aduk rata dan beberapa menit sebelum akhir memasak, tambahkan udang yang sudah dimasak sebelumnya (sisihkan sebagian untuk hiasan) dan sedikit lada hitam.

Setelah panas mati, tambahkan satu tombol mentega dan aduk. Risotto siap disajikan. Hiasi dengan sisa udang dan taburi daun bawang.

**Nutrisi (per 100 g):** 510 kalori 10 g lemak 82,4 g karbohidrat 20,6 g protein 875 mg natrium

# Spageti dengan kerang

**Waktu persiapan: 10 menit**

**Waktunya memasak**: 40 menit

**Porsi: 4**

**Tingkat kesulitan: mudah**

**Bahan-bahan:**

- 11,5 ons spageti
- 2 pon kerang
- 7 ons saus tomat atau tomat cincang untuk versi merah hidangan ini
- 2 siung bawang putih
- 4 sendok makan minyak zaitun extra virgin
- 1 gelas anggur putih kering
- 1 sendok makan peterseli cincang halus
- 1 cabai

**Indikasi:**

Mulailah dengan mencuci kerang: Jangan pernah "membersihkan" kerang - kerang hanya boleh dibuka dengan panas, jika tidak, cairan internalnya yang berharga akan hilang bersama pasir. Cuci kerang dengan cepat menggunakan saringan yang diletakkan di mangkuk salad: ini akan menyaring pasir pada kerang.

Setelah itu, kerang yang sudah dikeringkan segera dimasukkan ke dalam panci berpenutup dengan api besar. Balikkan sesekali dan ketika hampir semuanya terbuka, angkat dari api. Kerang yang tetap tertutup mati dan harus dibuang. Keluarkan kerang dari yang terbuka, sisakan beberapa yang utuh untuk hiasan. Saring sisa cairan dari dasar panci dan sisihkan.

Ambil wajan besar dan tuangkan sedikit minyak ke dalamnya. Panaskan satu merica utuh dan satu atau dua siung bawang putih yang sudah dihancurkan dengan api kecil sampai siung menguning. Tambahkan kerang dan deglaze dengan anggur putih kering.

Sekarang tambahkan cairan kerang yang sudah disaring dan sedikit peterseli cincang halus.

Saring dan segera masak spageti al dente dalam panci setelah dimasak dengan air asin. Aduk rata sampai spageti menyerap semua cairan dari kerang. Jika Anda belum menggunakan cabai, taburi sedikit dengan lada putih atau hitam.

**Nutrisi (per 100 g):** 167 kalori 8 g lemak 8,63 g karbohidrat 5 g protein 720 mg natrium

## sup ikan Yunani

**Waktu persiapan: 10 menit**

**Waktunya memasak:** 60 menit

**Porsi: 4**

**Tingkat kesulitan: mudah**

**Bahan-bahan:**

- Hake atau ikan putih lainnya
- 4 kentang
- 4 daun bawang
- 2 wortel
- 2 batang seledri
- 2 tomat
- 4 sendok makan minyak zaitun extra virgin
- 2 telur
- 1 jeruk nipis
- 1 cangkir nasi
- Garam secukupnya

**Indikasi:**

Pilih ikan yang beratnya tidak lebih dari 2,2 kg, buang sisik, insang dan isi perutnya lalu cuci bersih. Garam dan sisihkan.

Cuci kentang, wortel, dan bawang bombay, lalu masukkan utuh ke dalam panci dengan air secukupnya hingga lunak, lalu didihkan.

Tambahkan lebih banyak seledri yang diikat menjadi tandan agar tidak berserakan saat dimasak, potong tomat menjadi empat bagian dan tambahkan bersama minyak dan garam.

Saat sayuran hampir matang, tambahkan lebih banyak air dan ikan. Rebus selama 20 menit, lalu keluarkan dari kaldu bersama sayuran.

Susun ikan di atas piring saji, hiasi dengan sayuran, dan saring kaldu. Taruh kaldu di atas api lagi, encerkan dengan sedikit air. Saat mendidih, tambahkan nasi dan bumbui dengan garam. Saat nasi sudah matang, angkat panci dari api.

Siapkan saus avgolemono:

Kocok telur sampai bersih dan perlahan tambahkan jus lemon. Tuang sedikit kaldu ke dalam mangkuk dan tuang perlahan ke dalam telur sambil terus diaduk.

Terakhir, tambahkan saus yang dihasilkan ke dalam sup dan aduk rata.

**Nutrisi (per 100 g):** 263 kalori 17,1 g lemak 18,6 g karbohidrat 9 g protein 823 mg natrium

# Nasi Venus dengan udang

**Waktu persiapan: 10 menit**

**Waktunya memasak:** 55 menit

**Porsi: 3**

**Tingkat kesulitan: mudah**

**Bahan-bahan:**

- 1 ½ cangkir nasi Venere hitam (sebaiknya digoreng)
- 5 sendok teh minyak zaitun extra virgin
- 10,5 ons udang
- 10,5 ons zucchini
- 1 lemon (jus dan kulit)
- Garam meja secukupnya
- Lada hitam secukupnya
- 1 siung bawang putih
- Tabasco secukupnya

**Indikasi:**

Mari kita mulai dengan nasi:

Setelah mengisi panci dengan banyak air dan mendidihkannya, tambahkan nasi, tambahkan garam dan masak selama waktu yang diperlukan (lihat petunjuk memasak pada kemasan).

Sementara itu, parut zucchini dengan parutan berlubang besar. Panaskan minyak zaitun dengan siung bawang putih yang sudah dikupas dalam wajan, tambahkan zucchini parut, garam dan merica, lalu tumis selama 5 menit, angkat siung bawang putih dan sisihkan sayuran.

Sekarang bersihkan udang:

Buang cangkangnya, potong ekornya, belah menjadi dua memanjang dan buang isi perutnya (benang hitam di bagian belakang). Tempatkan udang yang sudah dibersihkan dalam mangkuk dan gerimis dengan minyak zaitun; berikan sedikit lebih banyak rasa dengan menambahkan kulit lemon, garam dan merica, dan beberapa tetes Tabasco jika Anda suka.

Panaskan udang selama beberapa menit dalam wajan panas. Jika sudah siap, sisihkan.

Saat nasi Venere sudah siap, saring ke dalam mangkuk, tambahkan campuran zucchini dan aduk.

**Nutrisi (per 100 g):** 293 kalori 5 g lemak 52 g karbohidrat 10 g protein 655 mg natrium

# Pennette salmon dan vodka

**Waktu persiapan: 10 menit**

**Waktunya memasak**: 18 menit

**Porsi: 4**

**Tingkat kesulitan: mudah**

**Bahan-bahan:**

- Penne Rigate 14 ons
- 7 ons salmon asap
- 1,2 ons bawang merah
- 1,35 fl. ons (40 ml) vodka
- 150 g tomat ceri
- 200 g krim cair segar (saya sarankan sayuran untuk hidangan yang lebih ringan)
- Daun bawang secukupnya
- 3 sendok makan minyak zaitun extra virgin
- Garam secukupnya
- Lada hitam secukupnya
- Kemangi secukupnya (untuk hiasan)

**Indikasi:**

Cuci dan potong tomat dan daun bawang. Setelah bawang merah dikupas, potong dengan pisau, masukkan ke dalam panci dan rendam dalam minyak zaitun extra virgin selama beberapa saat.

Sementara itu, potong salmon menjadi potongan-potongan dan aduk dengan minyak dan bawang merah.

Haluskan semuanya dengan vodka, hati-hati karena suar dapat terbentuk (jika nyala api naik, jangan khawatir, api akan padam setelah alkohol benar-benar menguap). Tambahkan bubur tomat dan bumbui dengan sedikit garam dan sedikit merica jika diinginkan. Terakhir, tambahkan krim dan daun bawang cincang.

Saat saus terus dimasak, siapkan pasta. Saat air mendidih, tambahkan Pennette dan biarkan matang al dente.

Tiriskan pasta dan tuangkan ke dalam saus pennette, biarkan masak beberapa saat untuk menyerap semua rasa. Hiasi dengan daun kemangi jika diinginkan.

**Nutrisi (per 100 g):** 620 kalori 21,9 g lemak 81,7 g karbohidrat 24 g protein 326 mg natrium

# Carbonara dengan makanan laut

**Waktu persiapan: 15 menit**

**Waktunya memasak**: 50 menit

**Porsi: 3**

**Tingkat kesulitan: mudah**

**Bahan-bahan:**

- 11,5 ons spageti
- 3,5 ons tuna
- 3,5 ons ikan todak
- 3,5 ons salmon
- 6 kuning telur
- 4 sdm keju parmesan (keju parmesan)
- 2 fl. ons (60 ml) anggur putih
- 1 siung bawang putih
- Minyak zaitun extra virgin secukupnya
- Garam meja secukupnya
- Lada hitam secukupnya

**Indikasi:**

Rebus air dalam panci dan tambahkan sedikit garam.

Sementara itu, tuangkan 6 kuning telur ke dalam mangkuk dan tambahkan parmesan parut, merica, dan garam. Kocok dengan pengocok dan encerkan dengan sedikit air mendidih dari wajan.

Debone salmon, skala ikan todak dan lanjutkan memotong tuna, salmon, dan ikan todak.

Saat pasta matang, tambahkan bumbu dan masak al dente dengan lembut.

Sementara itu, panaskan setetes minyak dalam wajan besar, tambahkan satu siung bawang putih yang sudah dikupas. Saat minyak sudah panas, tambahkan potongan ikan dan goreng dengan api besar selama sekitar 1 menit. Angkat bawang putih dan tambahkan anggur putih.

Saat alkohol menguap, angkat kubus ikan dan kecilkan api. Setelah spageti selesai, tambahkan ke dalam wajan dan masak selama sekitar satu menit, aduk terus dan tambahkan air rebusan jika perlu.

Tuang adonan kuning telur dan potongan ikan. Campur dengan baik. Melayani.

**Nutrisi (per 100 g):** 375 kalori 17 g lemak 41,40 g karbohidrat 14 g protein 755 mg natrium

# Garganelli dengan pesto zucchini dan udang

**Waktu persiapan: 10 menit**

**Waktunya memasak**: 30 menit

**Porsi: 4**

**Kesulitan: sedang**

**Bahan-bahan:**

- 300 g Garganelli dengan telur
- Zucchini Pesto:
- 7 ons zucchini
- 1 cangkir kacang pinus
- 8 sendok makan (0,35 ons) kemangi
- 1 sendok teh garam meja
- 9 sendok makan minyak zaitun extra virgin
- 2 sendok makan keju parmesan untuk parutan
- 1 ons keju pecorino, untuk parutan
- Untuk udang rebus:
- 8,8 ons udang
- 1 siung bawang putih
- 7 sendok teh minyak zaitun extra virgin
- Sedikit garam

**Indikasi:**

Mulailah dengan membuat pesto:

Setelah mencuci zucchini, parut, masukkan ke dalam saringan (sehingga kehilangan sebagian cairan yang berlebih) dan beri sedikit garam. Masukkan kacang pinus, zucchini, dan daun kemangi ke dalam blender. Tambahkan parutan parmesan, pecorino, dan minyak zaitun extra virgin.

Haluskan semuanya sampai Anda mendapatkan campuran krim, tambahkan sedikit garam dan sisihkan.

Pindah ke udang:

Pertama, buang ususnya dengan cara memotong bagian belakang udang seluruhnya dengan pisau dan keluarkan benang hitam di dalamnya dengan ujung pisau.

Masak siung bawang putih dalam wajan anti lengket dengan minyak zaitun extra virgin. Saat berwarna keemasan, angkat bawang putih dan tambahkan udang. Goreng selama kurang lebih 5 menit dengan api sedang hingga Anda bisa melihat kerak renyah di bagian luar.

Setelah itu, rebus air asin dalam panci dan masak garganelli. Sisihkan beberapa sendok makan air rebusan dan tiriskan pasta al dente.

Masukkan Garganelli ke dalam wajan tempat Anda memasak udang. Masak bersama sebentar, tambahkan satu sendok makan air mendidih dan terakhir tambahkan pesto zucchini.

Campur semuanya dengan seksama agar pasta menyatu dengan saus.

**Nutrisi (per 100 g):** 776 kalori 46 g lemak 68 g karbohidrat 22,5 g protein 835 mg natrium

# Nasi salmon

**Waktu persiapan: 10 menit**

**Waktunya memasak**: 30 menit

**Porsi: 4**

**Kesulitan: sedang**

**Bahan-bahan:**

- 1 cangkir (12,3 ons) beras
- Steak salmon 8,8 ons
- 1 daun bawang
- Minyak zaitun extra virgin secukupnya
- 1 siung bawang putih
- ½ gelas anggur putih
- 3 ½ sendok makan parutan Grana Padano
- Garam secukupnya
- Lada hitam secukupnya
- 17 fl. ons (500 ml) Kaldu ikan
- 1 cangkir mentega

**Indikasi:**

Mulailah dengan membersihkan salmon dan memotongnya menjadi potongan-potongan kecil. Rebus 1 sendok makan minyak dalam wajan dengan satu siung bawang putih utuh dan kecokelatan salmon selama 2/3 menit, tambahkan garam dan sisihkan, buang bawang putih.

Sekarang mulailah memasak risotto:

Potong daun bawang menjadi potongan yang sangat kecil dan tumis dalam wajan dengan dua sendok makan minyak. Masukkan nasi dan masak selama beberapa detik dengan api sedang-tinggi, aduk dengan sendok kayu.

Tambahkan anggur putih dan lanjutkan memasak, aduk sesekali, usahakan agar nasi tidak lengket di wajan, dan tambahkan kaldu (sayur atau ikan) secara bertahap.

Di tengah proses memasak, tambahkan salmon, mentega, dan sedikit garam jika perlu. Saat nasi sudah matang dengan baik, angkat dari api. Kombinasikan dengan beberapa sendok makan parutan Grana Padano dan sajikan.

**Nutrisi (per 100 g):** 521 kalori 13 g lemak 82 g karbohidrat 19 g protein 839 mg natrium

# Pasta dengan tomat ceri dan ikan teri

**Waktu persiapan: 15 menit**

**Waktunya memasak**: 35 menit

**Porsi: 4**

**Tingkat kesulitan: mudah**

**Bahan-bahan:**

- 10,5 ons spageti
- 1,3 pon tomat ceri
- 9 ons ikan teri (pra-dibersihkan)
- 2 sendok makan caper
- 1 siung bawang putih
- 1 bawang merah kecil
- Peterseli secukupnya
- Minyak zaitun extra virgin secukupnya
- Garam meja secukupnya
- Lada hitam secukupnya
- Zaitun hitam secukupnya

**Indikasi:**

Potong siung bawang putih menjadi irisan tipis.

Potong tomat ceri menjadi dua. Kupas dan potong halus bawang bombay.

Tuang minyak dengan bawang putih dan bawang cincang ke dalam panci. Panaskan semuanya dengan api sedang selama 5 menit; aduk sesekali.

Saat semuanya sudah dibumbui dengan baik, tambahkan tomat ceri dan sedikit garam dan merica. Masak selama 15 menit. Sementara itu, taruh sepanci air di atas kompor dan setelah mendidih, tambahkan garam dan pasta.

Saat saus hampir siap, tambahkan ikan teri dan masak selama beberapa menit. Campur dengan lembut.

Matikan api, potong peterseli dan masukkan ke dalam wajan.

Setelah matang, tiriskan pasta dan tambahkan langsung ke saus. Nyalakan kembali api selama beberapa detik.

**Nutrisi (per 100 g):** 446 kalori 10 g lemak 66,1 g karbohidrat 22,8 g protein 934 mg natrium

# Brokoli orecchiette dan sosis

**Waktu persiapan: 10 menit**

**Waktunya memasak**: 32 menit

**Porsi: 4**

**Kesulitan: sedang**

**Bahan-bahan:**

- 11,5 ons orecchiette
- 10,5 brokoli
- 10,5 ons sosis
- 1,35 fl. ons (40 ml) anggur putih
- 1 siung bawang putih
- 2 tangkai thyme
- 7 sendok teh minyak zaitun extra virgin
- Lada hitam secukupnya
- Garam meja secukupnya

**Indikasi:**

Rebus panci berisi air dan garam. Buang kuntum brokoli dari batangnya dan potong menjadi dua atau empat bagian jika terlalu besar; kemudian masukkan ke dalam air mendidih, tutup panci dan masak selama 6-7 menit.

Sementara itu, cincang halus thyme dan sisihkan. Lepaskan casing dari sosis dan haluskan dengan garpu.

Goreng satu siung bawang putih dengan minyak gerimis dan tambahkan sosis. Setelah beberapa detik, tambahkan timi dan sedikit anggur putih.

Tanpa membuang air rebusan, keluarkan brokoli yang sudah matang dengan bantuan sendok berlubang dan tambahkan sedikit demi sedikit ke dalam daging. Semuanya direbus selama 3-4 menit. Angkat bawang putih dan tambahkan sejumput lada hitam.

Didihkan air yang Anda gunakan untuk memasak brokoli, lalu tambahkan pasta dan biarkan matang. Saat pasta sudah matang, tiriskan dengan sendok berlubang, pindahkan langsung ke brokoli dan saus sosis. Setelah itu aduk rata, tambahkan lada hitam dan coklat semua yang ada di wajan selama beberapa menit.

**Nutrisi (per 100 g):** 683 kalori 36 g lemak 69,6 g karbohidrat 20 g protein 733 mg natrium

# Radicchio dan risotto daging asap

**Waktu persiapan: 10 menit**

**Waktunya memasak**: 30 menit

**Porsi: 3**

**Kesulitan: sedang**

**Bahan-bahan:**

- 1 ½ cangkir nasi
- 14 ons Radicchio
- 5,3 ons daging asap
- 34 fl. ons (1l) Kaldu sayuran
- 3,4 fl. ons (100 ml) anggur merah
- 7 sendok teh minyak zaitun extra virgin
- 1,7 ons bawang merah
- Garam meja secukupnya
- Lada hitam secukupnya
- 3 tangkai thyme

**Indikasi:**

Mari kita mulai dengan membuat kaldu sayur.

Mulailah dengan radicchio: potong menjadi dua dan buang bagian tengahnya (bagian putih). Potong menjadi potongan-potongan, bilas dengan baik dan sisihkan. Potong juga daging asap menjadi potongan-potongan.

Cincang halus bawang merah dan masukkan ke dalam wajan dengan minyak. Masak dengan api sedang, tambahkan secangkir kaldu, lalu tambahkan pancetta dan cokelat.

Setelah sekitar 2 menit, tambahkan nasi dan panggang, sering diaduk. Pada titik ini, tuangkan anggur merah dengan api besar.

Setelah semua alkohol menguap, lanjutkan memasak, tambahkan kaldu satu sendok sekaligus. Biarkan yang sebelumnya mengering sebelum menambahkan yang lain sampai benar-benar siap. Tambahkan garam dan lada hitam (tergantung seberapa banyak Anda memutuskan untuk menambahkan).

Setelah matang, tambahkan potongan radicchio. Aduk rata hingga tercampur dengan nasi tapi belum matang. Tambahkan thyme cincang.

**Nutrisi (per 100 g):** 482 kalori 17,5 g lemak 68,1 g karbohidrat 13 g protein 725 mg natrium

# Pasta Alla Genovese

**Waktu persiapan: 10 menit**

**Waktunya memasak**: 25 menit

**Porsi: 3**

**Kesulitan: sedang**

**Bahan-bahan:**

- 11,5 ons Ziti
- 1 pon daging sapi
- 2,2 pon bawang emas
- 2 ons seledri
- 2 ons wortel
- 1 tangkai peterseli
- 3,4 fl. ons (100 ml) anggur putih
- Minyak zaitun extra virgin secukupnya
- Garam meja secukupnya
- Lada hitam secukupnya
- Parmesan secukupnya

**Indikasi:**

Untuk membuat pasta, mulailah dengan:

Kupas bawang bombay dan wortel lalu potong halus. Kemudian cuci bersih dan cincang halus seledri (jangan buang daunnya yang juga harus dipotong dan sisihkan). Kemudian lanjutkan ke daging, bersihkan dari lemak berlebih dan potong menjadi 5/6 bagian besar. Terakhir, ikat daun seledri dan setangkai peterseli dengan benang dapur untuk membuat tandan yang harum.

Isi panci besar dengan minyak. Tambahkan bawang, seledri dan wortel (yang Anda sisihkan sebelumnya) dan masak selama beberapa menit.

Kemudian tambahkan potongan daging, sejumput garam dan tandan yang harum. Aduk dan masak selama beberapa menit. Kemudian kecilkan api dan tutup dengan penutup.

Masak minimal 3 jam (jangan tambahkan air atau kaldu karena bawang bombay akan melepaskan semua cairan yang diperlukan untuk mencegah bagian bawah wajan mengering). Periksa dan campur semuanya dari waktu ke waktu.

Setelah 3 jam memasak, keluarkan seikat herba aromatik, besarkan api sedikit, tambahkan anggur dan aduk.

Masak daging tanpa ditutup selama sekitar satu jam, sering diaduk dan tambahkan anggur saat bagian bawah wajan sudah kering.

Pada titik ini, ambil sepotong daging, potong-potong di atas talenan dan sisihkan. Potong ziti dan masak dalam air asin mendidih.

Jika sudah matang, tiriskan dan masukkan kembali ke dalam panci. Tuangkan beberapa sendok makan air mendidih dan aduk. Atur di atas piring dan tambahkan sedikit saus dan daging cincang (yang disisihkan pada langkah 7). Tambahkan merica dan parmesan parut secukupnya.

**Nutrisi (per 100 g):** 450 kalori 8 g lemak 80 g karbohidrat 14,5 g protein 816 mg natrium

# Pasta dengan kembang kol Neapolitan

**Waktu persiapan: 15 menit**

**Waktunya memasak**: 35 menit

**Porsi: 3**

**Kesulitan: sedang**

**Bahan-bahan:**

- 10,5 ons pasta
- 1 kembang kol
- 3,4 fl. 100 ml saus tomat
- 1 siung bawang putih
- 1 cabai
- 3 sendok makan minyak zaitun extra virgin (atau sendok teh)
- Garam secukupnya
- Lada sesuai kebutuhan

**Indikasi:**

Bersihkan kembang kol dengan baik: buang daun dan tangkai bagian luar. Potong menjadi bunga kecil.

Kupas siung bawang putih, potong dan goreng dalam panci dengan minyak dan cabai.

Tambahkan pure tomat dan kuntum kembang kol dan biarkan berwarna cokelat selama beberapa menit dengan api sedang, lalu tutupi dengan beberapa cangkir air dan masak selama 15-20 menit, atau setidaknya sampai kembang kol mulai berubah menjadi krim.

Jika Anda menemukan bahwa bagian bawah panci terlalu kering, tambahkan air sebanyak yang diperlukan agar campuran tetap encer.

Pada titik ini, tuangkan air panas ke atas kembang kol dan setelah mendidih, tambahkan pasta.

Bumbui dengan garam dan merica.

**Nutrisi (per 100 g):** 458 kalori 18 g lemak 65 g karbohidrat 9 g protein 746 mg natrium

# Pasta dan kacang, jeruk dan adas

**Waktu persiapan: 10 menit**

**Waktunya memasak**: 30 menit

**Porsi: 5**

**Kesulitan: Tingkat kesulitan**

**Bahan-bahan:**

- minyak zaitun extra virgin - 1 sdm. ditambah ekstra untuk disajikan
- Bacon - 2 ons, iris tipis
- Bawang - 1, cincang halus
- Adas - 1 bawang bombay, batangnya dibuang, bawang dibelah dua, dibuang bijinya dan dicincang halus
- Seledri - 1 batang, cincang
- Bawang putih - 2 siung, cincang
- Fillet ikan teri - 3, dibilas dan dicincang
- oregano segar cincang - 1 sdm.
- Kulit jeruk parut - 2 sdt.
- Biji adas - ½ sdt.
- Serpihan paprika merah - ¼ sdt.
- Tomat potong dadu - 1 kaleng (28 ons)
- Parmesan - 1 kulit, ditambah lagi untuk disajikan
- Kacang cannellini - 1 kaleng (7 ons), dibilas
- Kaldu ayam - 2 ½ gelas
- Air - 2 ½ gelas

- Garam dan merica
- Jelai - 1 cangkir
- peterseli cincang segar - ¼ gelas

**Indikasi:**

Panaskan minyak dalam oven Belanda dengan api sedang. Tambahkan daging asap. Tumis selama 3-5 menit atau sampai mulai kecokelatan. Campur seledri, adas, dan bawang bombay, lalu tumis hingga lunak (sekitar 5-7 menit).

Campur serpihan merica, biji adas, kulit jeruk, oregano, ikan teri, dan bawang putih. Masak selama 1 menit. Campur tomat dan jusnya. Campur kulit dan kacang parmesan.

Didihkan dan masak selama 10 menit. Campur air, kaldu dan 1 sdt. garam. Rebus dengan api besar. Campur pasta dan masak sampai al dente.

Angkat dari api dan buang kulit Parmesan.

Aduk peterseli dan tambahkan garam dan merica secukupnya. Tuang sedikit minyak zaitun dan taburi keju Parmesan parut. Melayani.

**Nutrisi (per 100 g):** 502 kalori 8,8 g lemak 72,2 g karbohidrat 34,9 g protein 693 mg natrium

# Spaghetti Lemon

**Waktu persiapan: 10 menit**

**Waktunya memasak**: 15 menit

**Porsi: 6**

**Tingkat kesulitan: mudah**

**Bahan-bahan:**

- Minyak zaitun extra virgin - ½ cangkir
- kulit lemon parut - 2 sdt.
- Jus lemon - 1/3 gelas
- Bawang putih - 1 siung, dicincang untuk pasta
- Garam dan merica
- Parmesan - 2 ons, parut
- Spageti - 1 pon.
- Kemangi cincang segar - 6 sdm.

**Indikasi:**

Dalam mangkuk, kocok bawang putih, minyak, kulit lemon, jus, ½ sdt. garam dan ¼ sdt. Merica. Tambahkan Parmesan dan aduk hingga lembut.

Sementara itu, masak pasta sesuai petunjuk kemasan. Tiriskan dan sisihkan ½ gelas air rebusan. Tambahkan campuran minyak dan kemangi ke pasta dan aduk. Bumbui dengan baik dan campur dengan air rebusan sesuai kebutuhan. Mclayani.

**Nutrisi (per 100 g):** 398 kalori 20,7 g lemak 42,5 g karbohidrat 11,9 g protein 844 mg natrium

## Couscous sayuran berbumbu

**Waktu persiapan: 10 menit**

**Waktunya memasak:** 20 menit

**Porsi: 6**

**Tingkat Kesulitan: Sulit**

**Bahan-bahan:**

- Kembang kol - 1 kepala, potong kuntum berukuran 1 inci
- minyak zaitun extra virgin - 6 sdm. ditambah ekstra untuk disajikan
- Garam dan merica
- Kuskus - 1 ½ gelas
- Zucchini - 1, potong ½ inci
- Paprika merah - 1, bertangkai, buang bijinya dan potong ½ inci
- Bawang putih - 4 siung, cincang
- Ras el hanout - 2 sdt.
- kulit lemon parut - 1 sdt. ditambah irisan lemon untuk disajikan
- Kaldu ayam - 1 ¾ gelas
- marjoram cincang segar - 1 sdm.

**Indikasi:**

Dalam wajan, panaskan 2 sdm. minyak di atas api sedang. Tambahkan kembang kol, ¾ sdt. garam dan ½ sdt. Merica.

Campurkan. Masak sampai kuntum berubah warna menjadi coklat dan ujung-ujungnya hanya bening.

Buka tutupnya dan masak, aduk, selama 10 menit atau sampai kuntumnya berwarna keemasan. Pindahkan ke mangkuk dan bersihkan panci. Panaskan 2 sdm. minyak dalam wajan.

Tambahkan kuskus. Masak dan terus diaduk selama 3-5 menit atau sampai kernel mulai berwarna coklat. Pindahkan ke mangkuk dan bersihkan panci. Panaskan sisa 3 sdm. tuangkan minyak ke dalam wajan dan tambahkan merica, zucchini, dan ½ sdt. garam. Masak selama 8 menit.

Campur kulit lemon, ras el hanout, dan bawang putih. Masak hingga harum (sekitar 30 detik). Tuang kaldu dan masak dengan api kecil. Tambahkan kuskus. Angkat dari api dan sisihkan sampai lunak.

Tambahkan marjoram dan kembang kol; kemudian sedikit mengembang dengan garpu untuk dimasukkan. Gerimis dengan minyak ekstra dan bumbui secara menyeluruh. Sajikan dengan irisan lemon.

**Nutrisi (per 100 g):** 787 kalori 18,3 g lemak 129,6 g karbohidrat 24,5 g protein 699 mg natrium

# Nasi goreng bumbu adas

**Waktu persiapan: 10 menit**

**Waktunya memasak**: 45 menit

**Porsi: 8**

**Kesulitan: sedang**

**Bahan-bahan:**

- Ubi Jalar - 1 ½ pon, kupas dan potong-potong berukuran 1 inci
- Minyak zaitun extra virgin - ¼ cangkir
- Garam dan merica
- Adas - 1 umbi, cincang halus
- Bawang kecil - 1, cincang halus
- Nasi putih bulir panjang - 1 ½ cangkir, dibilas
- Bawang putih - 4 siung, cincang
- Ras el hanout - 2 sdt.
- Kaldu ayam - 2 cangkir
- Zaitun hijau besar diadu dalam air garam - ¾ cangkir, potong menjadi dua
- ketumbar cincang segar - 2 sdm.
- Irisan jeruk nipis

**Indikasi:**

Tempatkan rak oven di tengah dan panaskan oven sampai 400 F. Bumbui kentang dengan ½ sdt. garam dan 2 sdm. minyak.

Atur kentang dalam satu lapisan dalam loyang berbingkai dan panggang selama 25-30 menit atau sampai lunak. Aduk kentang di sisi memasak.

Angkat kentang dan turunkan suhu oven menjadi 350 F. Dalam oven Belanda, panaskan sisa 2 sendok makan. minyak di atas api sedang.

Tambahkan bawang dan adas; lalu masak selama 5-7 menit atau sampai empuk. Sertakan ras el hanout, bawang putih dan nasi. Tumis selama 3 menit.

Tuangkan zaitun dan kaldu dan diamkan selama 10 menit. Tambahkan kentang ke dalam nasi dan aduk perlahan dengan garpu agar tercampur. Bumbui dengan garam dan merica secukupnya. Hiasi dengan daun ketumbar dan sajikan dengan potongan jeruk nipis.

**Nutrisi (per 100 g):** 207 kalori 8,9 g lemak 29,4 g karbohidrat 3,9 g protein 711 mg natrium

# Couscous Maroko dengan buncis

**Waktu persiapan: 5 menit**

**Waktunya memasak**: 18 menit

**Porsi: 6**

**Kesulitan: sedang**

**Bahan-bahan:**

- Minyak zaitun extra virgin - ¼ cangkir, ekstra untuk disajikan
- Kuskus - 1 ½ gelas
- Wortel halus kupas dan cincang - 2
- Bawang cincang halus - 1
- Garam dan merica
- Bawang putih - 3 siung, cincang
- ketumbar bubuk - 1 sdt.
- Jahe giling - sdt.
- Biji adas giling - ¼ sdt.
- Kaldu ayam - 1 ¾ gelas
- Buncis - 1 kaleng (15 ons), dibilas
- Kacang polong beku - 1 ½ gelas
- Peterseli atau ketumbar cincang segar - ½ cangkir
- irisan jeruk nipis

**Indikasi:**

Panaskan 2 sdm. minyak dalam wajan di atas api sedang.
Masukkan couscous dan masak selama 3-5 menit atau sampai

mulai berwarna cokelat. Pindahkan ke mangkuk dan bersihkan panci.

Panaskan sisa 2 sdm. minyak dalam wajan dan tambahkan bawang, wortel dan 1 sdt. garam. Masak selama 5-7 menit. Campur adas manis, jahe, ketumbar dan bawang putih. Masak hingga harum (sekitar 30 detik).

Tambahkan buncis dan kaldu dan didihkan. Termasuk couscous dan kacang polong. Tutup dan angkat dari api. Sisihkan sampai kuskus lunak.

Tambahkan peterseli ke couscous dan tumbuk dengan garpu agar tercampur. Gerimis dengan minyak ekstra dan bumbui dengan baik. Sajikan dengan irisan lemon.

**Nutrisi (per 100 g):** 649 kalori 14,2 g lemak 102,8 g karbohidrat 30,1 g protein 812 mg natrium

# Paella vegetarian dengan kacang hijau dan buncis

**Waktu persiapan: 10 menit**
**Waktunya memasak**: 35 menit
**Porsi: 4**
**Tingkat kesulitan: mudah**

**Bahan-bahan:**

- Sejumput kunyit
- Kaldu sayuran - 3 gelas
- Minyak zaitun - 1 sdm.
- Bawang kuning - 1 besar, potong dadu
- Bawang putih - 4 siung, potong
- Paprika merah - 1, potong dadu
- Tomat cincang - ¾ cangkir, segar atau kalengan
- Haluskan tomat - 2 sdm.
- Paprika pedas - 1 ½ sdt.
- Garam - 1 sdt.
- Lada hitam segar - ½ sdt.
- Kacang hijau - 1 1/2 cangkir, kupas dan potong menjadi dua
- Buncis - 1 kaleng (15 ons), tiriskan dan bilas
- Nasi putih bulir pendek - 1 cangkir
- Lemon - 1, potong-potong

**Indikasi:**

Untaian kunyit dicampur dengan 3 sdm. air hangat dalam mangkuk kecil. Rebus air dalam panci dengan api sedang. Kecilkan api dan biarkan mendidih.

Panaskan minyak dalam wajan dengan api sedang. Aduk bawang dan tumis selama 5 menit. Tambahkan lada dan bawang putih dan tumis selama 7 menit atau sampai lada lunak. Tambahkan campuran air dan kunyit, garam, merica, paprika, pasta tomat, dan tomat.

Tambahkan nasi, buncis, dan kacang hijau. Aduk kaldu panas dan didihkan. Kecilkan api dan didihkan tanpa tutup selama 20 menit.

Sajikan panas, hiasi dengan irisan lemon.

**Nutrisi (per 100 g):** 709 kalori 12 g lemak 121 g karbohidrat 33 g protein 633 mg natrium

# Udang bawang putih dengan tomat dan kemangi

**Waktu persiapan: 10 menit**

**Waktunya memasak**: 10 menit

**Porsi: 4**

**Tingkat kesulitan: mudah**

**Bahan-bahan:**

- Minyak zaitun - 2 sdm.
- Udang - 1¼ pon, kupas dan buang uratnya
- Bawang putih - 3 siung, cincang
- Serpihan paprika merah - 1/8 sdt.
- Anggur putih kering - ¾ gelas
- Tomat anggur - 1 ½ gelas
- Kemangi segar cincang halus - ¼ cangkir, ditambah lagi untuk hiasan
- Garam - ¾ sdt.
- Lada hitam tumbuk - ½ sdt.

**Indikasi:**

Panaskan minyak dalam wajan di atas api sedang-tinggi.

Tambahkan udang dan masak selama 1 menit atau sampai matang. Pindahkan ke piring.

Tambahkan serpihan paprika merah dan bawang putih ke dalam minyak di wajan dan masak, aduk, selama 30 detik. Aduk anggur dan masak sampai berkurang sekitar setengahnya.

Tambahkan tomat dan tumis sampai tomat mulai hancur (sekitar 3 hingga 4 menit). Tambahkan udang yang sudah dipesan, garam, merica, dan kemangi. Masak selama 1 hingga 2 menit lagi.

Sajikan hiasi dengan sisa kemangi.

**Nutrisi (per 100 g):** 282 kalori 10 g lemak 7 g karbohidrat 33 g protein 593 mg natrium

# Paella udang

**Waktu persiapan: 10 menit**

**Waktunya memasak**: 25 menit

**Porsi: 4**

**Kesulitan: sedang**

**Bahan-bahan:**

- Minyak zaitun - 2 sdm.
- Bawang sedang - 1, potong dadu
- Paprika merah - 1, potong dadu
- Bawang putih - 3 siung, cincang
- Sejumput kunyit
- Paprika pedas - ¼ sdt.
- Garam - 1 sdt.
- Lada hitam segar - ½ sdt.
- Kaldu ayam - 3 cangkir, dibagi
- Nasi putih bulir pendek - 1 cangkir
- Udang besar yang sudah dikupas dan dibuang uratnya - 1 pon.
- Kacang polong beku - 1 cangkir, dicairkan

**Indikasi:**

Panaskan minyak zaitun dalam wajan. Tambahkan bawang dan merica dan tumis selama 6 menit atau sampai lunak. Tambahkan garam, merica, paprika, kunyit, dan bawang putih, lalu aduk. Tuang dalam 2 ½ cangkir kaldu dan nasi.

Didihkan campuran, lalu didihkan hingga nasi matang, sekitar 12 menit. Tempatkan udang dan kacang polong di atas nasi dan tambahkan sisa ½ cangkir kaldu.

Pasang kembali tutup panci dan masak sampai semua udang matang (sekitar 5 menit). Melayani.

**Nutrisi (per 100 g):** 409 kalori 10 g lemak 51 g karbohidrat 25 g protein 693 mg natrium

## Salad lentil dengan zaitun, mint, dan feta

**Waktu persiapan: 60 menit**

**Waktunya memasak**: 60 menit

**Porsi: 6**

**Kesulitan: sedang**

**Bahan-bahan:**

- Garam dan merica
- Lentil Prancis - 1 cangkir, angkat dan bilas
- Bawang putih - 5 siung, ditumbuk ringan dan dikupas
- Daun salam - 1
- minyak zaitun extra virgin - 5 sdm.
- Cuka anggur putih - 3 sdm.
- Zaitun Kalamata diadu - ½ cangkir, dicincang
- Mint cincang segar - ½ gelas
- Bawang merah - 1 besar, cincang
- Keju feta - 1 ons, hancur

**Indikasi:**

Tambahkan 4 gelas air panas dan 1 sdt. garam dalam mangkuk. Tambahkan lentil dan biarkan meresap selama 1 jam pada suhu kamar. Menguras dengan baik.

Pusatkan panggangan dan panaskan oven sampai 325 F. Tambahkan lentil, 4 gelas air, bawang putih, daun salam, dan ½ sdt. garam dalam panci. Tutup dan masukkan casserole ke dalam oven dan masak selama 40-60 menit atau sampai lentil empuk.

Tiriskan lentil dengan baik, buang bawang putih dan daun salam. Dalam mangkuk besar, saring minyak dan cuka menjadi satu. Tambahkan bawang merah, mint, zaitun, dan lentil, lalu aduk hingga rata.

Bumbui dengan garam dan merica secukupnya. Tempatkan dengan baik di piring saji dan hiasi dengan feta. Melayani.

**Nutrisi (per 100 g):** 249 kalori 14,3 g lemak 22,1 g karbohidrat 9,5 g protein 885 mg natrium

# Buncis dengan bawang putih dan peterseli

**Waktu persiapan: 5 menit**
**Waktunya memasak**: 20 menit
**Porsi: 6**
**Kesulitan: sedang**

**Bahan-bahan:**

- Minyak zaitun extra virgin - ¼ cangkir
- Bawang putih - 4 siung, potong tipis-tipis
- Serpihan paprika merah - 1/8 sdt.
- Bawang - 1, cincang
- Garam dan merica
- Buncis - 2 kaleng (15 ons), dibilas
- Kaldu ayam - 1 gelas
- Peterseli segar cincang - 2 sdm.
- Jus lemon - 2 sdt.

**Indikasi:**

Tambahkan 3 sdm ke dalam wajan. minyak dan masak serpihan bawang putih dan merica selama 3 menit. Campur bawang bombay dan ¼ sdt. tambahkan garam dan masak selama 5-7 menit.

Campur buncis dan kaldu dan didihkan. Kecilkan api dan didihkan selama 7 menit, tutup.

Buka dan nyalakan api besar dan masak selama 3 menit atau sampai semua cairan menguap. Sisihkan dan campur dengan jus lemon dan peterseli.

Bumbui dengan garam dan merica secukupnya. Bumbui dengan 1 sdm. olesi dan sajikan.

**Nutrisi (per 100 g):** 611 kalori 17,6 g lemak 89,5 g karbohidrat 28,7 g protein 789 mg natrium

# Buncis rebus dengan terong dan tomat

**Waktu persiapan: 10 menit**
**Waktunya memasak**: 60 menit
**Porsi: 6**
**Tingkat kesulitan: mudah**

**Bahan-bahan:**

- Minyak zaitun extra virgin - ¼ cangkir
- Bawang - 2, cincang
- Paprika hijau - 1, cincang halus
- Garam dan merica
- Bawang putih - 3 siung, cincang
- oregano segar cincang - 1 sdm.
- Daun salam - 2
- Terong - 1 pon, potong-potong berukuran 1 inci
- Tomat kupas utuh - 1 kaleng, tiriskan dengan jus yang sudah dipesan, potong-potong
- Buncis - 2 kaleng (15 ons), tiriskan dengan 1 cangkir cairan cadangan

**Indikasi:**

Tempatkan rak oven di bagian tengah bawah dan panaskan oven sampai 400 F. Panaskan minyak dalam oven Belanda. Tambahkan merica, bawang bombay, ½ sdt. garam dan ¼ sdt. Merica. Tumis selama 5 menit.

Campurkan 1 sdt. oregano, bawang putih dan daun salam dan masak selama 30 detik. Campurkan tomat, terong, jus yang dipesan, buncis, dan cairan yang diawetkan, lalu didihkan. Pindahkan panci ke oven dan masak tanpa ditutup selama 45-60 menit. Campur dua kali.

Buang daun salam. Tambahkan sisa 2 sdt. oregano dan bumbui dengan garam dan merica. Melayani.

**Nutrisi (per 100 g):** 642 kalori 17,3 g lemak 93,8 g karbohidrat 29,3 g protein 983 mg natrium

# Nasi Yunani dengan lemon

**Waktu persiapan: 20 menit**
**Waktunya memasak**: 45 menit
**Porsi: 6**
**Kesulitan: sedang**

**Bahan-bahan:**

- Nasi bulir panjang - 2 cangkir, mentah (direndam dalam air dingin selama 20 menit, lalu tiriskan)
- minyak zaitun extra virgin - 3 sdm.
- Bawang kuning - 1 sedang, cincang
- Bawang putih - 1 siung, cincang
- Pasta jelai - ½ gelas
- Jus 2 lemon dan kulit 1 lemon
- Kaldu natrium rendah - 2 cangkir
- Sedikit garam
- Peterseli cincang - 1 genggam besar
- Gulma dill - 1 sdt.

**Indikasi:**

Dalam panci, panaskan 3 sdm. Minyak zaitun yang tidak dimurnikan. Tambahkan bawang dan tumis selama 3-4 menit. Tambahkan pasta jelai dan bawang putih, lalu aduk.

Kemudian tambahkan nasi untuk melapisi. Tambahkan kaldu dan jus lemon. Didihkan dan kurangi panasnya. Tutup dan masak selama sekitar 20 menit.

Hapus dari panas. Tutup dan sisihkan selama 10 menit. Buka dan tambahkan kulit lemon, dill, dan peterseli. Melayani.

**Nutrisi (per 100 g):** 145 kalori 6,9 g lemak 18,3 g karbohidrat 3,3 g protein 893 mg natrium

# Nasi dengan bumbu aromatik

**Waktu persiapan: 10 menit**

**Waktunya memasak**: 30 menit

**Porsi: 4**

**Tingkat kesulitan: mudah**

**Bahan-bahan:**

- Minyak zaitun extra virgin - ½ cangkir, dibagi
- Siung bawang putih besar - 5, cincang
- Beras melati merah - 2 cangkir
- Air - 4 gelas
- garam laut - 1 sdt.
- Lada hitam - 1 sdt.
- Kucai cincang segar - 3 sdm.
- Peterseli segar cincang - 2 sdm.
- Kemangi cincang segar - 1 sdm.

**Indikasi:**

Tambahkan ¼ cangkir minyak zaitun, bawang putih, dan nasi ke dalam panci. Aduk dan panaskan dengan api sedang. Campur air, garam laut, dan lada hitam. Lalu campur lagi.

Didihkan dan kurangi panasnya. Masak dengan api kecil, terbuka, aduk sesekali.

Saat air hampir terserap, campurkan sisa ¼ cangkir minyak zaitun dengan kemangi, peterseli, dan daun bawang.

Aduk sampai bumbu tercampur dan semua air terserap.

**Nutrisi (per 100 g):** 304 kalori 25,8 g lemak 19,3 g karbohidrat 2 g protein 874 mg natrium

# salad nasi mediterania

**Waktu persiapan: 10 menit**
**Waktunya memasak**: 25 menit
**Porsi: 4**
**Kesulitan: sedang**

**Bahan-bahan:**

- Minyak zaitun extra virgin - ½ cangkir, dibagi
- Nasi merah berbutir panjang - 1 cangkir
- Air - 2 gelas
- Jus lemon segar - ¼ gelas
- Siung bawang putih - 1, cincang
- Rosemary cincang segar - 1 sdt.
- Mint cincang segar - 1 sdt.
- Endive Belgia - 3, cincang
- Paprika merah - 1 sedang, cincang
- Mentimun rumah kaca - 1, cincang
- Bawang hijau cincang utuh - ½ gelas
- Zaitun Kalamata, cincang - ½ gelas
- Serpihan paprika merah - ¼ sdt.
- Keju feta cincang - ¾ gelas
- Garam laut dan lada hitam

**Indikasi:**

Panaskan ¼ cangkir minyak zaitun, nasi, dan sedikit garam dalam panci dengan api kecil. Aduk untuk melapisi nasi. Tambahkan air dan biarkan mendidih hingga air meresap. Aduk sesekali. Tuang nasi ke dalam mangkuk besar dan biarkan dingin.

Dalam mangkuk lain, campur sisa ¼ cangkir minyak zaitun, serpihan paprika merah, zaitun, daun bawang, mentimun, paprika, endive, mint, rosemary, bawang putih, dan jus lemon.

Tambahkan nasi ke dalam campuran dan aduk hingga rata. Aduk perlahan keju feta.

Cicipi dan sesuaikan bumbu. Melayani.

**Nutrisi (per 100 g):** 415 kalori 34 g lemak 28,3 g karbohidrat 7 g protein 4755 mg natrium

# Salad kacang dan tuna segar

**Waktu persiapan: 5 menit**

**Waktunya memasak**: 20 menit

**Porsi: 6**

**Tingkat kesulitan: mudah**

**Bahan-bahan:**

- Kacang segar yang dikupas (dikupas) - 2 gelas
- Daun salam - 2
- minyak zaitun extra virgin - 3 sdm.
- Cuka anggur merah - 1 sdm.
- Garam dan lada hitam
- Tuna kualitas terbaik - 1 kaleng (6 ons), dikemas dalam minyak zaitun
- Caper asin - 1 sdm. direndam dan dikeringkan
- Peterseli daun datar cincang halus - 2 sdm.
- Bawang merah - 1, potong

**Indikasi:**

Rebus air asin ringan dalam panci. Tambahkan kacang dan daun salam; Kemudian masak selama 15-20 menit atau sampai kacang empuk tapi masih keras. Tiriskan, buang aromatiknya dan pindahkan ke mangkuk.

Segera aduk kacang dengan cuka dan minyak. Tambahkan garam dan lada hitam. Aduk rata dan sesuaikan bumbunya. Tiriskan tuna dan masukkan daging tuna ke dalam salad kacang. Tambahkan peterseli dan caper. Aduk hingga tercampur dan taburkan di atas irisan bawang merah. Melayani.

**Nutrisi (per 100 g):** 85 kalori 7,1 g lemak 4,7 g karbohidrat 1,8 g protein 863 mg natrium

# Pasta ayam yang enak

**Waktu persiapan: 10 menit**

**Waktunya memasak**: 17 menit

**Porsi: 4**

**Tingkat kesulitan: mudah**

**Bahan-bahan:**

- 3 dada ayam, tanpa kulit, tanpa tulang, potong-potong
- 300 g pasta gandum
- 1/2 cangkir zaitun, diiris
- 1/2 cangkir tomat kering matahari
- 1 sendok makan paprika merah panggang, cincang
- Tomat kaleng 14 ons, potong dadu
- 2 cangkir saus marinara
- 1 cangkir kaldu ayam
- Merica
- garam

**Indikasi:**

Tempatkan semua bahan kecuali pasta gandum di Panci Instan.

Tutup penutupnya dan masak dengan api besar selama 12 menit.

Setelah ini selesai, biarkan tekanan mereda secara alami. Lepaskan penutupnya.

Tambahkan pasta dan aduk rata. Tutup panci lagi dan pilih manual dan atur timer selama 5 menit.

Setelah selesai, lepaskan tekanan selama 5 menit, lalu lepaskan sisanya menggunakan quick release. Lepaskan penutupnya. Aduk rata dan sajikan.

**Nutrisi (per 100 g):** 615 kalori 15,4 g lemak 71 g karbohidrat 48 g protein 631 mg natrium

# Taco Mediterania

**Waktu persiapan: 10 menit**

**Waktunya memasak**: 14 menit

**Porsi: 8**

**Kesulitan: sedang**

**Bahan-bahan:**

- 1 pon daging giling
- 8 ons keju cheddar, parut
- 14 ons kaleng kacang merah
- 2 ons bumbu taco
- 16 ons saus
- 2 gelas air
- 2 cangkir beras merah
- Merica
- garam

**Indikasi:**

Setel Panci Instan ke mode mendidih.

Tambahkan daging ke dalam panci dan tumis sampai berwarna cokelat keemasan.

Tambahkan air, kacang, beras, bumbu taco, merica dan garam, aduk rata.

Tuang di atas saus. Tutup penutupnya dan masak dengan api besar selama 14 menit.

Setelah selesai, lepaskan tekanan menggunakan quick release. Lepaskan penutupnya.

Masukkan keju cheddar dan aduk hingga keju meleleh.

Sajikan dan nikmati.

**Nutrisi (per 100 g):** 464 kalori 15,3 g lemak 48,9 g karbohidrat 32,2 g protein 612 mg natrium

# Mac dan keju yang lezat

**Waktu persiapan: 10 menit**

**Waktunya memasak**: 10 menit

**Porsi: 6**

**Tingkat kesulitan: mudah**

**Bahan-bahan:**

- 500 g pasta siku gandum utuh
- 4 gelas air
- 1 cangkir tomat potong dadu
- 1 sendok teh bawang putih cincang
- 2 sendok makan minyak zaitun
- 1/4 cangkir bawang hijau, cincang
- 1/2 cangkir parmesan parut
- 1/2 cangkir mozzarella parut
- 1 cangkir keju cheddar, parut
- 1/4 cangkir haluskan
- 1 cangkir susu almond tanpa pemanis
- 1 cangkir acar artichoke, potong dadu
- 1/2 cangkir tomat kering, dicincang
- 1/2 cangkir zaitun, diiris
- 1 sendok teh garam

**Indikasi:**

Tambahkan pasta, air, tomat, bawang putih, minyak, dan garam ke Panci Instan dan aduk rata. Tutup dan masak dengan api besar.

Setelah selesai, lepaskan tekanan selama beberapa menit, lalu lepaskan residunya menggunakan quick drain. Lepaskan penutupnya.

Setel panci ke mode rebusan. Tambahkan daun bawang, parmesan, mozzarella, keju cheddar, passata, susu almond, artichoke, tomat kering, dan zaitun. Campur dengan baik.

Aduk rata dan masak hingga keju meleleh.

Sajikan dan nikmati.

**Nutrisi (per 100 g):** 519 kalori 17,1 g lemak 66,5 g karbohidrat 25 g protein 588 mg natrium

# Nasi dengan mentimun zaitun

**Waktu persiapan: 10 menit**

**Waktunya memasak**: 10 menit

**Porsi: 8**

**Kesulitan: sedang**

**Bahan-bahan:**

- 2 cangkir beras, dibilas
- 1/2 cangkir zaitun diadu
- 1 cangkir mentimun, cincang
- 1 sendok makan cuka anggur merah
- 1 sendok teh kulit lemon parut
- 1 sendok makan jus lemon segar
- 2 sendok makan minyak zaitun
- 2 cangkir kaldu sayuran
- 1/2 sendok teh oregano kering
- 1 paprika merah, cincang
- 1/2 cangkir bawang bombay, cincang
- 1 sendok makan minyak zaitun
- Merica
- garam

**Indikasi:**

Tambahkan minyak ke panci bagian dalam Panci Instan dan atur panci agar mendidih. Tambahkan bawang dan tumis selama 3 menit. Tambahkan merica dan oregano, lalu tumis selama 1 menit.

Tambahkan nasi dan kaldu, aduk rata. Tutup penutupnya dan masak dengan api besar selama 6 menit. Setelah ini selesai, biarkan tekanan meningkat selama 10 menit, lalu lepaskan sisanya menggunakan tombol pelepas cepat. Lepaskan penutupnya.

Tambahkan sisa bahan dan aduk rata untuk digabungkan. Sajikan segera dan nikmati.

**Nutrisi (per 100 g):** 229 kalori 5,1 g lemak 40,2 g karbohidrat 4,9 g protein 210 mg natrium

# Risotto herbal aromatik

**Waktu persiapan: 10 menit**

**Waktunya memasak**: 15 menit

**Porsi: 4**

**Kesulitan: sedang**

**Bahan-bahan:**

- 2 cangkir nasi
- 2 sendok makan keju parmesan parut
- 100 g krim
- 1 sendok makan oregano segar, cincang
- 1 sendok makan kemangi segar, cincang
- 1/2 sendok makan sage, cincang
- 1 bawang bombay, cincang
- 2 sendok makan minyak zaitun
- 1 sendok teh bawang putih, cincang
- 4 cangkir kaldu sayuran
- Merica
- garam

**Indikasi:**

Tambahkan minyak ke panci bagian dalam Panci Instan dan klik panci dalam mode menumis. Tambahkan bawang putih dan bawang merah ke panci bagian dalam Panci Instan dan tekan panci untuk menumis. Tambahkan bawang putih dan bawang merah dan tumis selama 2-3 menit.

Tambahkan sisa bahan kecuali parmesan dan krim, aduk rata. Tutup penutupnya dan masak dengan api besar selama 12 menit.

Setelah selesai, lepaskan tekanan selama 10 menit, lalu lepaskan sisanya menggunakan tombol pelepas cepat. Lepaskan penutupnya. Campur krim dan keju dan sajikan.

**Nutrisi (per 100 g):** 514 kalori 17,6 g lemak 79,4 g karbohidrat 8,8 g protein 488 mg natrium

# Pasta Primavera yang lezat

**Waktu persiapan: 10 menit**
**Waktunya memasak**: 4 menit
**Porsi: 4**
**Tingkat kesulitan: mudah**

**Bahan-bahan:**

- 250 g penne gandum
- 1 sendok makan jus lemon segar
- 2 sendok makan peterseli segar cincang
- 1/4 cangkir almond yang dipipihkan
- 1/4 cangkir parmesan parut
- Tomat kaleng 14 ons, potong dadu
- 1/2 cangkir prem
- 1/2 cangkir zucchini, cincang
- 1/2 cangkir asparagus
- 1/2 cangkir wortel, cincang
- 1/2 cangkir brokoli, cincang
- 1 3/4 cangkir kaldu sayuran
- Merica
- garam

**Indikasi:**

Tambahkan kaldu, parsnip, tomat, plum, zucchini, asparagus, wortel, dan brokoli ke dalam Panci Instan dan aduk rata. Tutup dan masak dengan api besar selama 4 menit. Setelah selesai, lepaskan tekanan menggunakan quick release. Lepaskan penutupnya. Campur bahan lainnya dengan baik dan sajikan.

**Nutrisi (per 100 g):** 303 kalori 2,6 g lemak 63,5 g karbohidrat 12,8 g protein 918 mg natrium

# Pasta Lada Panggang

**Waktu persiapan: 10 menit**

**Waktunya memasak**: 13 menit

**Porsi: 6**

**Kesulitan: sedang**

**Bahan-bahan:**

- 1 pon pasta penne gandum utuh
- 1 sendok makan saus Italia
- 4 cangkir kaldu sayuran
- 1 sendok makan bawang putih, cincang
- 1/2 bawang bombay, cincang
- Paprika Merah Panggang dalam toples 14 ons
- 1 cangkir keju feta, remuk
- 1 sendok makan minyak zaitun
- Merica
- garam

**Indikasi:**

Tambahkan paprika panggang ke dalam blender dan haluskan hingga halus. Tambahkan minyak ke panci bagian dalam Panci Instan dan atur panci agar mendidih. Tambahkan bawang putih dan bawang merah ke cangkir bagian dalam Panci Instan dan tumis. Tambahkan bawang putih dan bawang merah dan tumis selama 2-3 menit.

Tambahkan paprika panggang tumbuk dan tumis selama 2 menit.

Tambahkan sisa bahan kecuali feta dan aduk rata. Tutup dengan baik dan masak dengan api besar selama 8 menit. Setelah selesai, lepaskan tekanan secara alami selama 5 menit, lalu lepaskan sisanya menggunakan tombol pelepas cepat. Lepaskan penutupnya. Taburi dengan keju feta dan sajikan.

**Nutrisi (per 100 g):** 459 kalori 10,6 g lemak 68,1 g karbohidrat 21,3 g protein 724 mg natrium

# Nasi Tomat Kemangi Keju

**Waktu persiapan: 10 menit**
**Waktunya memasak**: 26 menit
**Porsi: 8**
**Kesulitan: sedang**

**Bahan-bahan:**

- 1 1/2 cangkir beras merah
- 1 cangkir keju parmesan parut
- 1/4 cangkir kemangi segar, cincang
- 2 cangkir tomat ceri, dibelah dua
- 250 g saus tomat
- 1 3/4 cangkir kaldu sayuran
- 1 sendok makan bawang putih, cincang
- 1/2 cangkir bawang potong dadu
- 1 sendok makan minyak zaitun
- Merica
- garam

**Indikasi:**

Tambahkan minyak ke dalam mangkuk Panci Instan dan pilih panci di atas rebusan. Tempatkan bawang putih dan bawang merah di mangkuk bagian dalam Pot Instan dan letakkan di wajan. Campur bawang putih dan bawang merah dan tumis selama 4 menit. Tambahkan nasi, saus tomat, kaldu, merica dan garam, aduk rata.

Tutup dan masak dengan api besar selama 22 menit.

Setelah selesai, lepaskan tekanan selama 10 menit, lalu lepaskan sisanya menggunakan tombol pelepas cepat. Lepaskan tutupnya. Tambahkan sisa bahan dan aduk. Sajikan dan nikmati.

**Nutrisi (per 100 g):** 208 kalori 5,6 g lemak 32,1 g karbohidrat 8,3 g protein 863 mg natrium

# Pasta dengan tuna

**Waktu persiapan: 10 menit**
**Waktunya memasak**: 8 menit
**Porsi: 6**
**Kesulitan: sedang**

**Bahan-bahan:**

- 10 ons tuna kering
- 15 ons pasta rotini gandum utuh
- 100 g mozzarella, potong dadu
- 1/2 cangkir parmesan parut
- 1 sendok teh kemangi kering
- 14 ons kaleng tomat
- 4 cangkir kaldu sayuran
- 1 sendok makan bawang putih, cincang
- 8 ons jamur, iris
- 2 zucchini, iris
- 1 bawang bombay, cincang
- 2 sendok makan minyak zaitun
- Merica
- garam

**Indikasi:**

Tuang minyak ke dalam panci bagian dalam Panci Instan dan tekan panci ke atas rebusan. Tambahkan jamur, zucchini, dan bawang bombay, lalu tumis hingga bawang bombay lunak. Tambahkan bawang putih dan tumis sebentar.

Tambahkan pasta, kemangi, tuna, tomat, dan kaldu, aduk rata. Tutup dan masak dengan api besar selama 4 menit. Setelah selesai, lepaskan tekanan selama 5 menit, lalu lepaskan sisanya menggunakan quick release. Lepaskan penutupnya. Tambahkan sisa bahan dan aduk rata dan sajikan.

**Nutrisi (per 100 g):** 346 kalori 11,9 g lemak 31,3 g karbohidrat 6,3 g protein 830 mg natrium

# Campuran alpukat dan sandwich kalkun

**Waktu persiapan: 5 menit**

**Waktunya memasak:** 8 menit

**Porsi: 2**

**Tingkat kesulitan: mudah**

**Bahan-bahan:**

- 2 paprika merah, panggang dan potong-potong
- 1/4 pon dada kalkun asap mesquite, iris tipis
- 1 cangkir daun bayam segar utuh, dibagi
- 2 potong provolon
- 1 sendok makan minyak zaitun, dibagi
- 2 gulungan ciabatta
- ¼ cangkir mayones
- ½ alpukat matang

**Indikasi:**

Campur mayones dan alpukat dengan baik dalam mangkuk. Kemudian panaskan panini press.

Potong sandwich menjadi dua dan olesi bagian dalam roti dengan minyak zaitun. Kemudian isi dengan isian, lapisi dengan tangan Anda: provolone, dada kalkun, paprika panggang, daun bayam dan olesi campuran alpukat dan tutupi dengan potongan roti lainnya.

Tempatkan sandwich di Panini press dan panggang selama 5-8 menit sampai keju meleleh dan roti menjadi garing dan berkerut.

**Nutrisi (per 100 g):** 546 kalori 34,8 g lemak 31,9 g karbohidrat 27,8 g protein 582 mg natrium

# Ayam dengan mentimun dan mangga

**Waktu persiapan: 5 menit**

**Waktunya memasak**: 20 menit

**Porsi: 1**

**Tingkat Kesulitan: Sulit**

**Bahan-bahan:**

- ½ mentimun ukuran sedang diiris memanjang
- ½ mangga matang
- 1 sendok makan saus salad pilihan Anda
- 1 tortilla gandum utuh
- Irisan dada ayam setebal 1 inci dengan panjang sekitar 6 inci
- 2 sendok makan minyak untuk menumis
- 2 sendok makan tepung gandum utuh
- 2-4 daun selada
- Garam dan merica secukupnya

**Indikasi:**

Potong dada ayam menjadi potongan 1 inci dan masak hanya menjadi potongan 6 inci. Ini akan menjadi seperti dua potong ayam. Simpan ayam yang tersisa untuk digunakan di masa mendatang.

Bumbui ayam dengan merica dan garam. Celupkan ke dalam tepung gandum.

Tempatkan wajan anti lengket kecil di atas api sedang dan panaskan minyak. Saat minyak sudah panas, tambahkan potongan ayam dan goreng hingga berwarna cokelat keemasan, sekitar 5 menit per sisi.

Saat ayam dimasak, masukkan tortilla ke dalam oven dan masak selama 3-5 menit. Kemudian sisihkan dan letakkan di atas piring.

Potong mentimun memanjang, gunakan hanya ½ dan simpan mentimun yang tersisa. Kupas mentimun yang sudah dipotong empat dan buang mentimun. Tempatkan dua irisan mentimun di atas tortilla 1 inci dari tepinya.

Iris mangga dan simpan sisi lainnya dengan bijinya. Kupas mangga tanpa bijinya, potong-potong dan taruh di atas mentimun di atas tortilla.

Saat ayam sudah siap, letakkan ayam di sebelah mentimun secara berurutan.

Tambahkan daun mentimun, tuangkan saus salad pilihan Anda.

Gulung tortilla, sajikan dan nikmati.

**Nutrisi (per 100 g):** 434 kalori 10 g lemak 65 g karbohidrat 21 g protein 691 mg natrium

# Fattoush - roti Timur Tengah

**Waktu persiapan: 10 menit**
**Waktunya memasak**: 15 menit
**Porsi: 6**
**Tingkat Kesulitan: Sulit**

**Bahan-bahan:**

- 2 roti pita
- 1 sendok makan minyak zaitun extra virgin
- 1/2 sendok teh sumac, lebih banyak nanti
- Garam dan merica
- 1 hati selada romaine
- 1 mentimun Inggris
- 5 tomat Roma
- 5 bawang hijau
- 5 lobak
- 2 cangkir daun peterseli segar cincang
- 1 cangkir daun mint segar cincang
- <u>Bahan bumbu :</u>
- 1 1/2 jeruk nipis, jus dari
- 1/3 cangkir minyak zaitun extra virgin
- Garam dan merica
- 1 sendok teh sumac tanah
- 1/4 sendok teh kayu manis bubuk
- sedikit 1/4 sendok teh bubuk allspice

**Indikasi:**

Panggang pita di pemanggang roti selama 5 menit. Dan kemudian potong roti pita menjadi beberapa bagian.

Panaskan 3 sendok makan minyak zaitun dalam wajan besar dengan api sedang selama 3 menit. Tambahkan roti pita dan goreng hingga berwarna cokelat keemasan, aduk selama sekitar 4 menit.

Tambahkan garam, merica, dan 1/2 sendok teh sumac. Sisihkan keripik pita dari panas dan letakkan di atas kertas penyerap untuk dikeringkan.

Dalam mangkuk salad besar, aduk selada cincang, mentimun, tomat, daun bawang, irisan lobak, daun mint, dan peterseli.

Untuk membuat vinaigrette, kocok semua bahan dalam mangkuk kecil.

Tuang saus di atas salad dan aduk rata. Tambahkan roti pita.

Sajikan dan nikmati.

**Nutrisi (per 100 g):** 192 kalori 13,8 g lemak 16,1 g karbohidrat 3,9 g protein 655 mg natrium

# Bawang Putih dan Tomat Focaccia bebas gluten

**Waktu persiapan: 5 menit**
**Waktunya memasak**: 20 menit
**Porsi: 8**
**Tingkat Kesulitan: Sulit**

**Bahan-bahan:**

- 1 telur
- ½ sendok teh jus lemon
- 1 sendok makan madu
- 4 sendok makan minyak zaitun
- Sedikit gula
- 1 ¼ cangkir air panas
- 1 sendok makan ragi kering aktif
- 2 sendok teh rosemary cincang
- 2 sendok teh thyme cincang
- 2 sendok teh kemangi cincang
- 2 siung bawang putih, cincang
- 1 ¼ sendok teh garam laut
- 2 sendok teh permen karet xanthan
- ½ cangkir tepung millet
- 1 cangkir tepung kentang sebagai pengganti tepung
- 1 cangkir tepung sorgum
- Tepung jagung bebas gluten untuk taburan

**Indikasi:**

Nyalakan oven selama 5 menit lalu matikan, tutup pintu oven.

Campurkan air hangat dan sejumput gula. Tambahkan ragi dan aduk perlahan. Biarkan selama 7 menit.

Dalam mangkuk besar, kocok bumbu, bawang putih, garam, xanthan gum, kanji dan tepung. Saat ragi telah naik, tuangkan tepung ke dalam mangkuk. Kocok telur, jus lemon, madu, dan minyak zaitun.

Aduk rata dan tempatkan di loyang persegi yang sudah diolesi minyak yang ditaburi tepung jagung. Taburi dengan bawang putih segar, sayuran hijau lainnya, dan irisan tomat. Masukkan ke dalam oven panas dan biarkan mengembang selama setengah jam.

Nyalakan oven dengan suhu 375oF dan setelah pemanasan awal selama 20 menit. Focaccia dilakukan saat bagian atasnya agak keemasan. Angkat dari oven dan goreng segera dan biarkan dingin. Ini harus disajikan panas.

**Nutrisi (per 100 g):** 251 kalori 9 g lemak 38,4 g karbohidrat 5,4 g protein 366 mg natrium

# Burger panggang dengan jamur

**Waktu persiapan: 15 menit**

**Waktunya memasak**: 10 menit

**Porsi: 4**

**Kesulitan: sedang**

**Bahan-bahan:**

- 2 selada bibb, potong setengah
- 4 iris bawang merah
- 4 irisan tomat
- 4 roti gandum utuh, dipanggang
- 2 sendok makan minyak zaitun
- ¼ sendok teh cabai rawit, opsional
- 1 siung bawang putih, cincang
- 1 sendok makan gula
- ½ cangkir air
- 1/3 cangkir cuka balsamik
- 4 tutup jamur Portobello besar, berdiameter sekitar 5 inci

**Indikasi:**

Buang batang dari jamur dan bersihkan dengan kain lembab. Pindahkan ke loyang dengan insang menghadap ke atas.

Campur minyak zaitun, cabai rawit, bawang putih, gula, air dan cuka dengan baik dalam mangkuk. Tuang di atas jamur dan rendam jamur dalam ref setidaknya selama satu jam.

Saat waktunya hampir habis, panaskan panggangan dengan api sedang-tinggi dan olesi panggangan.

Panggang jamur selama lima menit di setiap sisi atau sampai empuk. Lumasi jamur dengan rendaman agar tidak mengering.

Untuk menyusunnya, letakkan ½ sandwich di atas piring, hiasi dengan irisan bawang bombay, jamur, tomat, dan selada. Tutupi dengan bagian atas sandwich lainnya. Ulangi proses dengan sisa bahan, sajikan dan nikmati.

**Nutrisi (per 100 g):** 244 kalori 9,3 g lemak 32 g karbohidrat 8,1 g protein 693 mg natrium

# Baba Ghanoush Mediterania

**Waktu persiapan: 10 menit**
**Waktunya memasak**: 25 menit
**Porsi: 4**
**Kesulitan: sedang**

**Bahan-bahan:**

- 1 bawang putih
- 1 paprika merah, dibelah dua dan diunggulkan
- 1 sendok makan kemangi segar cincang
- 1 sendok makan minyak zaitun
- 1 sendok teh lada hitam
- 2 buah terong, potong memanjang
- 2 lapis focaccia atau pita
- 1 jus lemon

**Indikasi:**

Lapisi panggangan dengan semprotan memasak dan panaskan panggangan dengan api sedang-tinggi.

Potong bagian atas umbi bawang putih dan bungkus dengan aluminium foil. Tempatkan di bagian panggangan yang lebih dingin dan panggang setidaknya selama 20 menit. Tempatkan irisan lada dan terong di bagian panggangan yang paling panas. Kotak untuk kedua sisi.

Saat bawang sudah siap, kupas kulit bawang putih panggang dan masukkan bawang putih yang sudah dikupas ke dalam food processor. Tambahkan minyak zaitun, merica, kemangi, jus lemon, paprika merah panggang, dan terong panggang. Blender dan tuangkan ke dalam mangkuk.

Panggang roti setidaknya selama 30 detik di setiap sisi untuk menghangatkannya. Sajikan roti dengan saus bubur dan nikmati.

**Nutrisi (per 100 g):** 231,6 kalori 4,8 g lemak 36,3 g karbohidrat 6,3 g protein 593 mg natrium

www.ingramcontent.com/pod-product-compliance
Lightning Source LLC
Chambersburg PA
CBHW070411120526
44590CB00014B/1356